AF603328

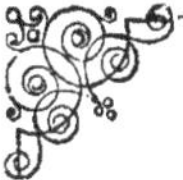
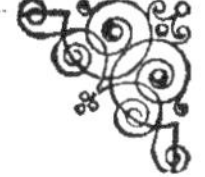

MÉTHODE COMPLÈTE

DE

COUPE D'HABILLEMENTS

par Compaing,

RÉDACTEUR DU JOURNAL DES TAILLEURS.

DEUXIÈME ÉDITION

Contenant la solution de toutes les questions relatives à l'Art du Tailleur.

LES DESSINS ET MODÈLES QUI FONT PARTIE DE CET OUVRAGE FORMENT UN

ATLAS DE DOUZE PLANCHES

Broché séparément, et augmenté du plan général des

ÉCHELLES DE PROPORTIONS.

PRIX DE L'OUVRAGE COMPLET : 10 FRANCS.

Paris.

CHEZ M. G. COMPAING, RUE VILLEDO, 9,

Près la Fontaine Molière.

18[illegible]5

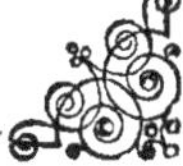

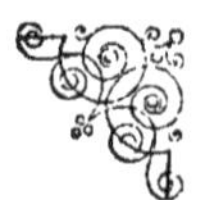

IMPRIMERIE DE VEUVE DONDEY-DUPRÉ,

Rue Saint-Louis, 46, au Marais.

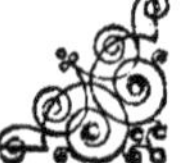

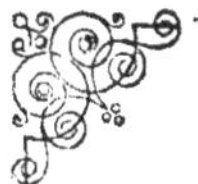
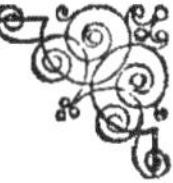

MÉTHODE COMPLÈTE

DE

COUPE D'HABILLEMENTS

Par Compaing.

INTRODUCTION.

En publiant cette deuxième édition, nous avons la certitude que, sans y apporter des idées absolument nouvelles, nous ferons néanmoins faire un nouveau pas aux améliorations que nous cherchons à propager depuis plus de seize ans. Ce travail est un compte-rendu des progrès que nous faisons chaque année.

Un ordre nouveau apporté dans les études, un passage gradué du plus simple au plus composé, mettront le lecteur en état d'exécuter promptement et avec précision toutes sortes de modèles, sans toutefois y mettre trop de précipitation, car il est bon de douter de soi-même tant que l'on n'est pas assez éclairé pour juger si la méthode que l'on étudie est bien réellement celle qui fait connaître toutes les difficultés que l'on rencontre dans l'état de tailleur; celle qui démontre la manière de les résoudre; celle qui, par son étendue, indique plusieurs moyens d'exécution, afin que chacun puisse opérer suivant son intelligence ou sa situation dans les affaires.

Ainsi c'est, selon nous, prendre une grande responsabilité que de diriger en quelque sorte les travaux d'une industrie tout entière; l'éclairer ou l'induire en erreur suivant que l'on est plus ou moins prévenu de son savoir; suivant aussi le plus ou moins de connaissance que l'on a de la profession que l'on enseigne.

Et, sous ce rapport, le conflit des méthodes d'un côté, la routine de l'autre, sont cause que les tailleurs ne savent à quoi s'en tenir sur les véritables principes de la coupe de l'habillement. Chacun voit et fait voir les choses comme il l'entend.

Il n'y a pas d'Université, pas d'Académie, pas même de Conseil

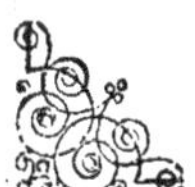
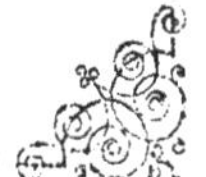

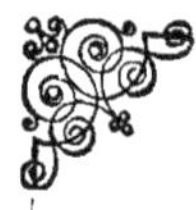
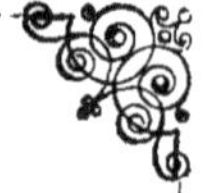

composé de membres de la profession, qui nous autorise légalement à instruire la classe ouvrière; on se nomme professeur soi-même, et le besoin tient lieu de confiance jusqu'à ce que l'expérience vienne démontrer si tel procédé est bon ou ne l'est pas.

Selon nous, voici la situation de la profession de tailleur, considérée sous le rapport du besoin d'un mode d'enseignement général pour la coupe des vêtements :

Tout le monde convient que la coupe doit s'apprendre! On voit même peu de coupeurs qui n'aient suivi les cours d'un professeur quelconque, car on convient qu'un jeune homme gagne, par des leçons bien entendues et une pratique immédiate, un temps de deux années en comparaison des expériences qu'il ferait à ses risques et périls s'il pratiquait sans avoir appris. Mais comme il y a beaucoup de personnes qui apprennent sans pratiquer de suite, les unes oublient, les autres éprouvent un certain embarras, surtout quand il s'agit de l'emploi des étoffes et de l'appareillage des différentes pièces. Du reste, tout ouvrier sait placer un habit sur le client, sait en juger les défauts d'après la règle commune. Nous admettons donc, en principe, que la coupe ne peut se démontrer qu'aux jeunes gens qui sont déjà ouvriers, ce qui est assez dire que notre système n'est pas à la portée du premier venu.

Ainsi, le besoin d'un enseignement est généralement reconnu; mais les uns, sortant avec peine de la routine, voudraient, du moment où ils adoptent une méthode, que tout marche sans difficulté, qu'il n'y ait rien à étudier, que le procédé travaille pour ainsi dire tout seul, et sans qu'ils s'en occupent! D'autres, et c'est la grande majorité, comprennent qu'une méthode faite avec discernement doit contenir tous les éléments d'exécution propres à prévenir une foule de circonstances que l'on ne trouve que dans l'habillement; mais, que telle exception sera bonne dans tel cas et non dans tel autre; que la réussite du jour ne garantit rien pour le lendemain, et que l'art du tailleur veut des précautions de tous les instants.

L'instruction, surtout celle qui se transmet dans un livre, forme toujours une sorte de théorie éloignée de la pratique, en ce sens que pour tracer des modèles, prendre des mesures, couper des étoffes, il faut avoir les marchandises et les clients; or, comme on ne peut pas donner tout cela, il en résulte que dans un ouvrage de ce genre il semble qu'il y ait opposition complète entre l'étude démontrée et l'étude pratiquée; ici tout est fait sur une dimension réduite et doit se reproduire en grandeur naturelle, se couper, s'apprêter, etc.

D'un autre côté, nous tenons à ce que l'on se serve d'instruments simples, parce que l'intelligence doit être, pour ainsi dire, forcée de chercher, par l'étude et les calculs, une connaissance que des instruments ne peuvent pas lui donner.

Un tailleur qui est approfondi dans l'étude de son art en vient même à ce point, qu'il croit que les notions qu'il a acquises sont le résultat de sa propre expérience. Il en est de cela comme d'un apprenti, qui, étant

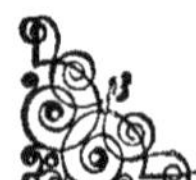

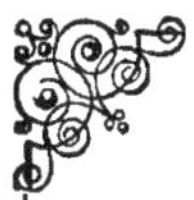
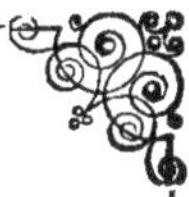

devenu ouvrier, ne se souvient plus de ce que son premier maître lui a enseigné ; cependant c'est avec cela qu'il a appris à mieux faire, et c'est cela aussi qui peut devenir la source de sa fortune future.

Au résumé, la base de l'enseignement que nous voulons propager ne repose pas, nous l'avons dit, sur des moyens nouveaux et inconnus ; loin de là ; nos premiers éléments sont les mêmes qu'à la fondation du *Journal des Tailleurs*. Nous avions, à cette époque, posé en principe que l'on n'obtiendrait de bons résultats qu'en perfectionnant la manière de prendre les mesures. Ce point de départ si simple est celui qui nous a conduit à rassembler les matériaux qui, depuis seize ans, ont fait tout le succès de notre journal.

On voit que nous sommes conséquents avec nos premières idées, non par prévention, mais par la conviction que, chaque fois qu'il s'est présenté une question difficile à résoudre, c'est toujours par de nouvelles mesures que l'on en a obtenu la solution. Chaque fois aussi qu'un élève a suivi nos instructions, et qu'il les a mises en pratique, sans jamais les quitter, il a réussi, et n'a plus recouru à d'autres méthodes, quelques offres qu'on lui ait faites. Chaque fois que l'on a, au contraire, regardé le mesurage comme une futilité inventée par le professeur pour avoir quelque chose à démontrer, on est resté en arrière, aussi bien pour la précision de la coupe que pour le genre de l'ouvrage. On n'a plus eu alors que de fausses préventions, parce que l'on n'a pris qu'un aperçu des moyens d'exécution, et qu'une première faute fait souvent croire que le fond est vicieux.

Nous citerons pour exemple telles personnes qui, faute d'avoir compris la vérité de ce principe, disent que *la coupe géométrique* (la nôtre sans doute) *tourne autour du vrai !* Ils ont raison s'ils comprennent que l'on compose des tracés imaginaires, faits sur des proportions idéales, qui ne sont en rapport avec quoi que ce soit. Mais, si ce tracé géométrique, ou plutôt ces *termes de géométrie*, que l'on emploie soit pour expliquer, soit pour représenter le plan d'un modèle, dérivent de plusieurs expériences, et d'un choix fait entre mille d'un modèle que l'on donne à titre de comparaison ou de point de départ, ce modèle alors ne sera plus une chose hors du vrai. On donnera les preuves qu'il peut s'employer dans tel ou tel cas, et, s'il est expliqué géométriquement, c'est que ce langage est le plus convenable que l'on puisse employer.

Au surplus, nous nous servons peu de termes géométriques, car toutes les parties de l'habillement ont leur nom ; et puis notre intention n'est pas ici de faire briller nos prétentions à la science, notre seul but étant que cet ouvrage puisse être de quelque utilité à la profession de tailleur.

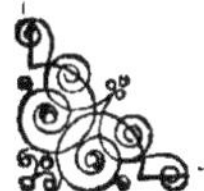
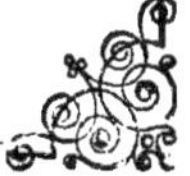

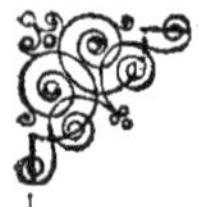

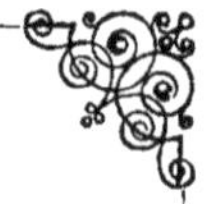

PREMIER CHAPITRE.

ÉTUDE DE LA STRUCTURE DES HOMMES. — TRACÉ DES SIX PRINCIPALES STRUCTURES. — DÉFINITION GÉNÉRALE. — CONFORMATIONS DIVERSES. — VARIATION DES STRUCTURES.

(*Voir la première planche de l'Atlas.*)

Étude de la structure des hommes.

Le principe de la coupe des vêtements, en général, dépend de deux questions qui semblent interdire la possibilité d'un système positif; d'abord, parce que la mode change sensiblement en quelques années, et, à une date peu éloignée, l'ouvrage ne semble plus à la hauteur de l'époque. Mais, si par la manière de prendre les mesures, on reste libre de faire les changements que le temps amène dans la coupe, on sera toujours en état de suivre les progrès ou les variations de la mode. C'est là le but principal de la méthode, et au besoin cette question est amplement résolue par notre journal, qui donne des dessins nouveaux tous les quinze jours.

La deuxième question est que tous les hommes ne sont pas construits de la même manière; qu'il n'y a de ressemblance ni dans les formes ni dans les grandeurs, et qu'un principe de tracé ne peut pas prévoir tous les cas. Nos planches en sont une preuve, puisque depuis que nous publions des dessins, nous n'avons pas encore donné deux fois le même. Dans la pratique, au contraire, on doit les prévoir tous, car les mesures que vous prenez ne sont pas seulement pour copier un habit qui vous convient, elles doivent parcourir toute la surface du corps de l'homme et servir à obtenir une coupe conforme à sa structure.

Par conséquent, pour la variation des modes comme pour celle des structures, on a deux moyens : le premier est la levée du patron qui se rapporte à l'homme; l'autre est l'emploi de ses mesures servant à vérifier le patron, et, au besoin, avec les mesures seules on peut faire le modèle.

Ainsi, il est prouvé que l'on peut établir un système positif et durable; mais dire qu'il sera infaillible dans toutes ses parties, c'est supposer qu'il n'y a aucun obstacle dans l'exécution, tandis qu'il y en a au contraire beaucoup.

La manière de démontrer a aussi ses difficultés. On ne peut pas toujours suivre une marche régulière. On trouvera, par exemple, que dans le cours de cet ouvrage nous revenons parfois sur un chapitre dont on a déjà parlé, mais que l'on n'a pas défini entièrement, parce

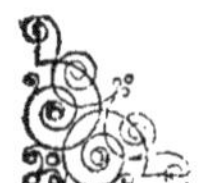

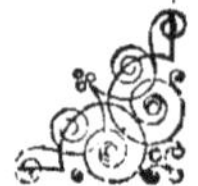

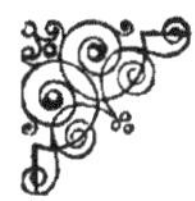
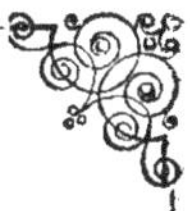

que cela n'aurait pas été compris, et que l'on ne peut répondre à une question que quand celui qui la fait comprend les arguments dont on se sert.

Or, pour que chaque chose se trouve en son lieu, nous commencerons cette leçon par l'étude des structures, remarquant, à cet effet, que la planche n° 1 contient des tracés de coupe et des dessins au trait, destinés les uns et les autres à présenter un résumé exact des six principales structures qui se rencontrent partout et dans toutes les classes de la société.

A commencer par les dessins, on voit que les poses sont calculées de manière à être tout à fait distinctes ; ce qui démontre que l'on devrait, avant de prendre les mesures, examiner le client à une certaine distance, afin de prendre une connaissance exacte de sa conformation. Des études anatomiques seraient même nécessaires pour quiconque voudrait connaître à fond tout le mécanisme des mouvements; car on ne considère que la surface, qui est souvent masquée par des garnitures ou des plis.

Le buste n° 1 est un homme *proportionné*, ou ce que l'on appelle une taille bien faite, dont le corps est droit, les épaules à une hauteur moyenne, les hanches saillantes et bien placées, la ceinture mince, etc.

Le buste n° 2 est un homme *voûté* ou courbé; son dos fait saillie, les épaules avancent, le cou se penche, les hanches saillissent en avant; et l'on peut évaluer que la nuque, ou derrière du cou, se trouve sur le même profil que le devant des épaules. Il est entendu que chaque fois qu'un homme a le dos courbé, sa poitrine s'aplatit et rentre même jusqu'au point de devenir creuse.

Il y a plusieurs sortes d'hommes voûtés: pour les uns, c'est seulement le cou qui incline en avant; pour les autres, c'est le dos qui se courbe à hauteur des aisselles; pour d'autres, le dos se courbe sur toute sa longueur; il y a aussi une sorte d'hommes voûtés dont la poitrine n'est pas creuse, mais cette dernière conformation ne se rencontre que dans les hommes trapus.

Le buste n° 3 est un homme *renversé* ou penché en arrière, et que l'on désigne quelquefois comme se tenant très-droit. Dans cette structure le cou se redresse, les épaules reculent, la poitrine ressort, les reins sont creux, mais les hanches et tout le bas du torse se portent en arrière. Un homme renversé a quelquefois la carrure étroite, et par conséquent le corps épais, quand on le voit de côté; il y en a aussi qui ont les épaules larges et dont le corps est plat; souvent même un homme qui paraît se tenir en arrière ne donne pas une coupe renversée quand son patron est fait, parce qu'avec des épaules larges l'articulation du bras est presque toujours creuse; et, comme le ruban passe sur la cavité quand on mesure le buste, il en résulte que la mesure se trouve en proportion plus courte. Il y a aussi des hommes renversés dont la position est fausse ou incertaine, c'est-à-dire qu'ils ont par moment la fantaisie de se redresser outre mesure, puis ils reprennent leur position accoutumée. Aussi combien d'habits qui, en les

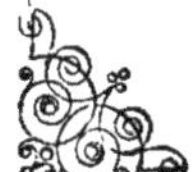

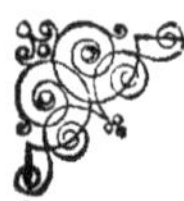
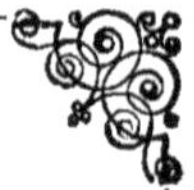

essayant, vont bien, et deux jours, même deux heures après, sont remplis de défauts!

Le buste n° 4 est un homme *élancé*; autrement dit, c'est un corps long depuis le cou jusqu'aux hanches, quoique souvent l'homme ne soit pas pour cela d'une haute stature. Dans ces sortes de conformations, l'aplomb est généralement facile à obtenir, parce qu'il y a du développement, et que les parties mouvantes ont moins d'action; quand, par exemple, les épaules sont petites, elles agissent moins sur les emmanchures, qui, par cet effet, ne remontent pas et plissent moins sur le devant.

Les hommes élancés sont susceptibles de se tenir courbés ou renversés; mais on en trouve plus de la première attitude que de la seconde; d'abord, parce qu'un corps maigre a moins de soutien, et puis que les hommes d'une grande taille sont continuellement obligés de se baisser pour se mettre au niveau des objets qui les entourent, et contractent ainsi l'habitude de se voûter.

Le buste n° 5 représente un homme *trapu*, c'est-à-dire court depuis le cou jusqu'aux hanches; dans une telle conformation, la poitrine est nécessairement haute et bombée, le dessus des épaules est plein, et les épaules sont très-souvent larges. Voici même une évaluation dans laquelle, ayant mesuré le diamètre, nous avons trouvé jusqu'à 48 centimètres de largeur carrée d'une épaule à l'autre; c'est la plus grande dimension qui existe, et c'est à peine si elle atteint 50 centimètres pour les hommes les plus forts. Un homme trapu peut être droit, voûté, renversé ou gros, mais jamais élancé. Il y a néanmoins des hommes dont le buste est court, et qui, malgré cela, sont d'une grande taille; dans ce cas les jambes sont longues et les hanches sont hautes.

Le buste n° 6 indique un homme *gros* à la ceinture; c'est la structure qui varie le plus, et les personnes de cette catégorie peuvent se diviser en deux sections, savoir : les hommes qui ont toujours été gros, et ceux qui ne le sont devenus qu'à un certain âge. Les premiers ont toujours les épaules larges, et leur force est répartie sur toute la surface du corps; les autres, au contraire, n'augmentent que sur certaines parties. Ainsi pour une personne qui, ayant autrefois 44 centimètres sous les bras, a augmenté jusqu'à 52, les épaules n'ont ni grossi ni élargi; le ventre, devenu proéminent, a descendu; et les jambes sont devenues plus courtes, mais ont peu grossi; les bras restent quelquefois maigres; les hanches s'effacent, et il est à observer qu'elles restent naturellement en arrière, comparativement à la saillie de l'abdomen.

Les hommes gros peuvent avoir toutes les attitudes représentées sur les figures précédentes. La principale est, malgré cela, celle de l'homme voûté; parce que, sans se courber, le dos est plus rond. Pour habiller ces sortes d'hommes, il ne faut pas chercher à rendre le vêtement ajusté; il est préférable, au contraire, de laisser une certaine aisance, et même tenir la ceinture un peu plus large que la mesure, afin que le boutonnage puisse se faire sans difficulté; seulement on aura la

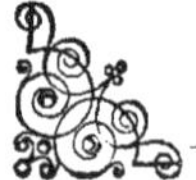

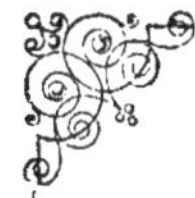
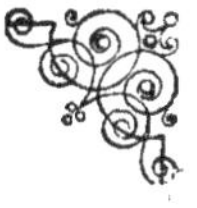

précaution de tenir le dos plus long et le côté de l'emmanchure plus haut, afin de regagner l'aplomb qui pourrait se trouver dérangé.

Tracé des six principales structures.

Les tracés de coupe composant les figures de 1 à 12 sont en rapport avec les six principales structures ou conformations.

Les figures 1 et 2 sont pour l'homme *proportionné*. Les évaluations de longueurs se font en comparant le dos avec le devant. Ainsi la taille (47) présente avec le point de la hanche (50) une différence de 3 centimètres; la profondeur de l'écarrure (16), comparée avec la pointe du côté 21, présente une différence de 5 ; donc, chaque fois que ces deux rapports ne sont pas les mêmes, il y a renversement ou recourbement dans l'aplomb du modèle. Pour le devant seul on évalue l'emmanchure à 0—26 de profondeur, et l'encolure à 0—22, ce qui fait qu'en réunissant ces deux nombres, on trouve qu'ils donnent 48 points, c'est-à-dire la même somme que la grosseur prise sous les bras. Le devant d'emmanchure (17), comparé avec le côté de l'encolure (22), est de 5 centimètres plus en arrière.

Les figures 3 et 4 correspondent à l'homme *voûté*. Le dos est aussi long que le devant, depuis l'épaulette jusqu'à la hanche. La carrure posée à 16, et la pointe du côté à 19, n'ont plus qu'une différence de 3 au lieu de 5. L'encolure portée à 24 est de 2 centimètres plus droite ou plus colletée. La pointe du côté et le devant de l'emmanchure sont avancés de chacun 1 centimètre, mais cela en vaut 2, puisque le dos est plus large.

Les figures 5 et 6 répondent à l'homme *renversé*. La carrure (16), avec la pointe du côté (23), font une différence de 7 au lieu de 5, que nous avons comptée pour le patron proportionné. Le dos est de 5 centimètres plus court que le devant. Le dessous d'emmanchure est à 28. Le côté de l'encolure est à 20, et ce dernier point est ce que l'on appelle une encolure renversée, qui peut aller seulement quand l'homme se tient toujours en arrière.

Les figures 7 et 8 sont les patrons d'un homme *élancé;* c'est un corsage long, que l'on fera bien de tenir un peu courbé.

Les figures 9 et 10 sont pour l'homme *trapu;* le corsage est court. La carrure est large et haute. L'épaulette est droite, parce que l'homme a les épaules hautes et larges.

Les figures 11 et 12 sont pour l'homme *gros*. Comparativement au patron proportionné il y a pour ce genre de conformations six changements, qui sont :

1° Reculer le côté; 2° rentrer le crochet; 3° avancer l'emmanchure; 4° redresser l'encolure; 5° élargir la poitrine; 6° élargir le bas du devant.

Tout ceci est nécessaire pour que la largeur ne reste pas dans le haut du côté, comme cela arrive quand on veut pincer la taille pour que l'habit touche mieux.

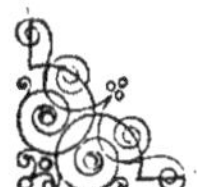
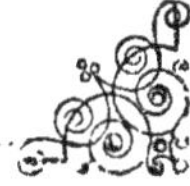

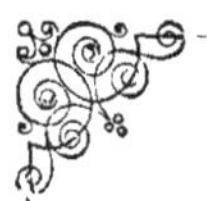
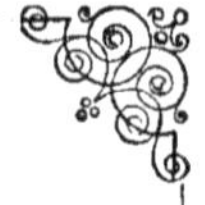

Définition générale.

Passons maintenant à l'aperçu général de la structure des hommes, et remarquons que c'est une sorte de statistique dont il faudrait bien se pénétrer, afin d'être fixé sur le nombre de constructions que l'on rencontre parmi ses clients, qui tous peuvent donner des genres de coupes différents; on sait que le nombre en est infini, mais que malgré cela on n'en reconnait que six principales d'où dérivent toutes les autres.

Nous les définissons sous les noms d'hommes droit, voûté, renversé, élancé, trapu et gros.

L'homme *droit* est celui qui se tient bien, dont le corps est dans une position mixte, qui ne se courbe ni ne se renverse; c'est la taille bien construite, sur laquelle on pourrait établir des proportions académiques, ou de simples évaluations à la vue, telles que de rechercher quelle est la position du cou par rapport au dos et à la poitrine; quelle est la position des épaules par rapport à la tête, à la nuque, à la poitrine et au dos; voir aussi quel est le rapport du bas du torse avec le dos et le creux des hanches, etc.

Les proportions académiques sont définies dans des ouvrages de science; mais elles sont faites à nu, et il arrive souvent qu'un homme paraît être d'une structure qui n'est pas la sienne, parce qu'il est mal habillé. Et puis, ce que l'on regarde comme un homme bien fait n'est pas toujours exact; on veut, par exemple, qu'il paraisse avoir les hanches fortes, et le modèle académique n'est pas ainsi fait.

L'homme *voûté* est celui dont le corps incline en avant; par conséquent la poitrine est rentrée et le dos est saillant; il y a des hommes courbés de plusieurs manières : les uns ont le cou en avant, et quelquefois les épaules en arrière; d'autres sont courbés à la hauteur des aisselles, tandis que d'autres ont toute l'épine dorsale arrondie; d'où il résulte que ces derniers ont le derrière rentré et les hanches en avant.

L'homme *renversé* est celui dont le corps penche en arrière; il a la poitrine saillante et le dos plat; la chute des reins est cambrée, de manière que le bas du torse fait saillie. Les hommes renversés ont tous les épaules en arrière.

L'homme *élancé* est celui dont le corps est long; et souvent des hommes d'une petite taille ont les jambes courtes et le buste long, ce qui fait que leur corps est élancé, bien qu'à l'ensemble l'homme ne soit pas grand.

L'homme *trapu* est celui dont le corps est court, et dans ces sortes de structures la poitrine est haute, le dessus des épaules est plein, et les épaules sont larges. Il y a des hommes d'une haute taille qui sont construits de cette manière, et qui ont par conséquent les jambes longues.

Les hommes *gros* sont ceux qui ont la ceinture forte en proportion de la grosseur de poitrine, et dans ces sortes de structures, ceux qui paraissent les plus gros sont ordinairement d'un genre trapu. Pour les

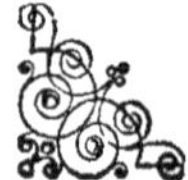
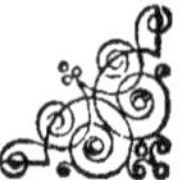

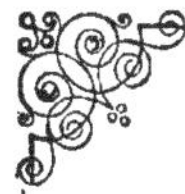
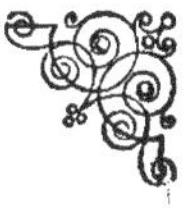

hommes élancés cela paraît moins, et il y a une sorte de structure dans laquelle l'homme, étant aussi gros en bas qu'en haut, ne semble pas pour cela avoir du ventre; cela vient de ce que le côté des hanches fait saillie.

Conformations diverses.

En prenant les six structures que l'on vient de décrire pour base, on trouve que, par le mélange de l'une avec l'autre, il peut résulter un nombre considérable de conformations.

L'homme droit peut, par exemple, être élancé, proportionné, trapu ou gros.

L'homme voûté peut aussi être élancé, proportionné, trapu ou gros.

Il en est de même de celui qui se tient renversé.

Ainsi, chaque position pouvant répondre à quatre structures, cela fait déjà douze modèles dérivant de trois; ajoutez à cela que nous ne comptons pas les différences existant dans les épaules, et qu'il y en a d'une position et d'une grandeur différentes.

Comme position, il y a les épaules hautes, basses, en avant ou en arrière.

Comme grosseur, il y a les épaules petites, moyennes ou fortes.

Ainsi, un homme voûté peut avoir les épaules hautes ou basses, petites ou fortes; toutes raisons pour changer la position des encolures, à part que pour l'homme voûté elles sont toujours droites.

Un homme renversé peut avoir les épaules hautes, et c'est une raison pour tenir l'épaulette droite, bien que pour les hommes renversés les encolures soient généralement ouvertes.

Variation des structures.

Comptons également que la variation des structures s'applique à toutes les séries de grosseur, mais qu'il y en a qui ne se trouvent que dans certains numéros. C'est pourquoi nous allons parcourir tous les degrés de grosseurs de poitrine, depuis la plus petite jusqu'à la plus forte taille, afin de savoir que, depuis telle demi-grosseur jusqu'à telle autre, il se trouve telle et telle construction. Voici le tableau que cela présente :

La série de 28 à 32 est celle des petits enfants. Leur structure est assez incertaine, vu qu'on les habille large, et qu'on ne peut pas leur prendre mesure. Ils ont presque toujours la ceinture aussi forte que la poitrine.

La série de 32 à 36 est celle des enfants de plusieurs tailles; les uns petits et gros, d'autres maigres et élancés. La proportion centrale est celle d'une structure renversée, ayant la ceinture et les épaules fortes.

La série de 36 à 40 renferme beaucoup de tailles élancées, quelques jeunes gens proportionnés, mais très-peu de genres gros.

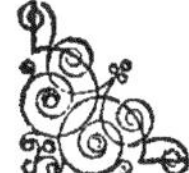

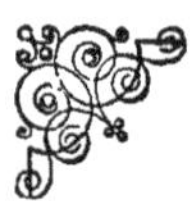

La série de 40 à 44 contient toutes les constructions, excepté l'homme à gros ventre. Il y a bien des ceintures fortes, mais ce sont des hommes élancés, faibles par la poitrine et forts en bas des reins. La proportion centrale est le genre moyen.

La série de 44 à 48 renferme des structures de tous genres, mais plus spécialement des hommes bien faits; on y rencontre peu de ceintures fortes, parce qu'elles ne commencent guère qu'à 48.

Bien que ce ne soit pas le moment de parler des mesures qui servent à toutes les variations, nous dirons cependant qu'entre le genre élancé et le genre trapu il y a une différence qui s'explique par le rapport de deux mesures : pour l'homme le plus élancé le buste vaut jusqu'à 16 centimètres de plus que la demi-grosseur de poitrine; pour l'homme trapu ces deux mesures donnent le même chiffre, mais jamais moins.

La série de 48 à 52 produit peu de genres élancés et beaucoup d'hommes trapus; mais la proportion centrale tient du genre gros.

La série de 52 à 56 n'a plus de genres élancés; toutes les structures rentrent dans le genre gros, soit voûté, droit ou renversé. Mais ce que l'on trouve de plus fréquent, ce sont de grands raccourcis sur la longueur du buste.

La série de 56 à 60 renferme tous les hommes gros, dont beaucoup ont la ceinture plus forte que le sous-bras.

La série de 60 à 64, aussi bien que celle de 64 à 68, ne renferme plus que des structures d'un même genre. Ainsi, il y a une certaine uniformité dans les hommes gros. L'exception la plus remarquable est que, si c'est un jeune homme de vingt-quatre à vingt-six ans, ses proportions du haut du buste sont plus fortes, en ce qu'elles proviennent d'une force naturelle, tandis que dans les hommes d'âge l'embonpoint a quelque chose de difforme.

Enfin, dans les hommes gros, on a à remarquer qu'il y en a beaucoup qui se serrent fortement pour effacer leur embonpoint, et c'est ce qui fait que l'on prend souvent un homme fortement serré pour un homme mince à la ceinture, ce qui n'est pas du tout la même chose.

Indépendamment de ces diverses conformations, il existe une série d'hommes contrefaits, c'est-à-dire qui ne sont pas pareils des deux côtés. Les uns auront une épaule plus forte que l'autre, ou bien se tiendront de travers. D'autres seront bossus, soit par derrière, soit par devant, soit enfin des deux côtés ensemble.

On trouvera la solution de ces difficultés en prenant mesure du côté droit et du côté gauche.

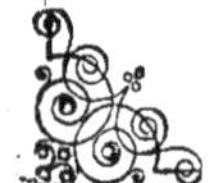

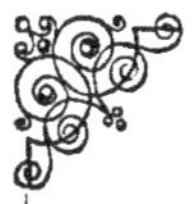
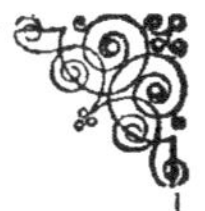

DEUXIÈME CHAPITRE.

CORSAGES POUR DIVERSES STRUCTURES. — MÉTHODE DES PROPORTIONS, POUR CHANGER LA GRANDEUR DES MODÈLES.

(Voir la planche n° 2.)

Corsages pour diverses structures.

D'après l'énumération que nous venons de faire dans le chapitre précédent, on a pu voir que les six genres de coupes représentés sur la première planche ne sont, en quelque sorte, qu'un abrégé des variations générales, puisque tel homme, par sa construction, peut tenir en même temps du voûté pour tel point, du gros pour tel autre, de l'élancé pour un troisième, etc. D'où il résulte qu'au lieu de copier un patron tout entier, on est quelquefois obligé de prendre les longueurs de l'un et les largeurs de l'autre.

Pour donner une plus grande étendue à la collection des modèles, nous avons réuni sur la planche n° 2 une suite de corsages présentant un exemple de la variation des structures, depuis le genre le plus élancé jusqu'au plus gros.

Cette série renferme un décroissement naturel, provenant de ce que, si l'on calculait toutes les variations que subit le corps d'un homme, depuis l'âge où sa croissance est terminée jusqu'à l'époque où il a pris le plus d'embonpoint, on trouverait que les grosseurs augmentent beaucoup plus que les longueurs. Il y a non-seulement certaines parties qui n'allongent pas, mais même quelques-unes qui raccourcissent.

On nous a souvent posé la question de savoir comment il se fait que les modèles les plus petits à la vue sont ceux qui indiquent les plus grandes dimensions? Cela provient de ce que chaque corsage est fait sur une échelle différente, et que telle partie, n'ayant pas varié, se trouve plus petite quand on la traduit sur une plus grande échelle.

Mais, comme cette question d'emploi d'échelles de proportions n'est pas définie, nous sommes forcés, pour le moment, de ne prendre qu'un aperçu du genre de chaque modèle, et de revenir plus tard sur l'ensemble des observations.

Les figures 2, 3, forment un corsage pour un homme un peu élancé et mince à la ceinture.

Les figures 4, 5, sont pour un homme à peu près proportionné.

Les figures 6, 7, sont pour un homme trapu et gros à la ceinture.

Ces trois corsages suivent une dégradation régulière, c'est-à-dire

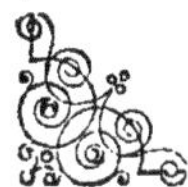

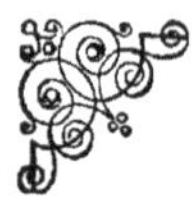
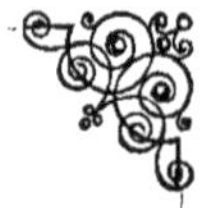

que le corsage du milieu (figures 4, 5, forme un intermédiaire qui partage exactement les différences par moitié.

Les figures 9, 10, sont pour un homme plus gros et plus trapu que le précédent.

Les figures 11, 12, et 13, 14, vont toujours en décroissant, tellement que le dernier représente à peu près l'extrême des hommes trapus et gros.

Dans ces trois modèles on peut également remarquer que le corsage du milieu (figures 11, 12) forme un tracé intermédiaire qui partage aussi les différences par moitié. D'où il résulte que l'on pourrait, au besoin, chercher une coupe moyenne (entre les figures 12, 14, par exemple), et créer ainsi un troisième modèle d'abord, puis un quatrième, puis un cinquième, etc., ce qui produit quelquefois des fractions imperceptibles.

Malgré cela, le système des intermédiaires est très-important, parce qu'il sert à trouver une gradation mixte entre deux genres tout à fait opposés.

Les figures 15, 16, sont pour un homme voûté et élancé.

Les figures 17, 18, représentent le même tracé exécuté sur une échelle plus petite.

Les figures 22, 23, et 24, 25, sont pour un homme gros et élancé correspondant aux structures d'enfants. L'un des deux corsages est plus grand que l'autre, parce qu'il n'est pas fait sur la même échelle.

Méthode des proportions

POUR CHANGER LA GRANDEUR DES MODÈLES.

Nous prions nos lecteurs de bien se rappeler que nous avons posé en principe que les hommes ne se ressemblent pas, ni dans leur grandeur, ni dans leur structure, et qu'il est important que l'on ait un mode de tracé conforme à ces deux raisons.

Or, après avoir présenté le travail qui est à faire, il s'agit de savoir avec quels instruments on l'exécutera.

Remarquons premièrement que tous les tracés peuvent se faire par centimètres, et que, par conséquent, nous adopterons la mesure métrique comme base de notre système.

Il s'agit seulement de bien comprendre que la construction des modèles se divise en trois parties, qui sont :

Les points de longueur dans un sens, qui se marquent en premier.

Les points de largeur dans l'autre, qui se marquent en deuxième.

Puis les contours, qui se tracent à la main.

Voilà pour l'idée générale. Mais, si pour changer la grandeur d'un modèle, on se jette dans des calculs fractionnés de tiers, quarts, sixièmes, etc., on rend le travail lent et difficile. Si, au contraire, on comprend qu'un modèle (étant chiffré) peut servir d'exemple pour en faire d'autres plus petits ou plus grands, on simplifiera le travail, et l'instruction n'y perdra rien.

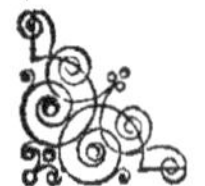
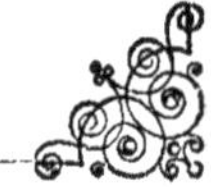

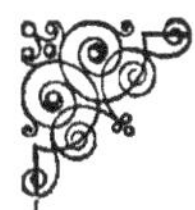
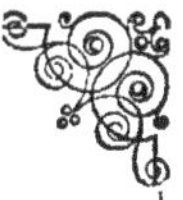

Ainsi, pour changer la grandeur des modèles, nous partons de ce point que, parmi toutes les grosseurs et structures, il y a un terme moyen pour l'une comme pour l'autre :

La coupe proportionnée est le terme moyen de tous les tracés, et la demi-grosseur de poitrine, de 48 centimètres, est le terme moyen de toutes les grosseurs.

On divise cette grosseur en 48 parties, parce que :

1° Dans l'habillement il faut adopter une mesure qui varie en raison de la grandeur, et non de la conformation.

2° Parce que cette quantité de 48 est le résultat naturel de la division métrique, et qu'en divisant tous les sous-bras en 48 parties toutes les proportions sont relatives. Et puis le nombre 48 est facile à partager par moitié, tiers, quart, huitième, etc., ce qui était la base des anciens calculs, On pourrait dire, par exemple : telle proportion que l'on mettait au tiers serait égale à 16 points d'échelle; telle autre, comptée au quart, vaudrait 12 points, et ainsi de suite.

3° Nous divisons les sous-bras en 48 parties, parce que si l'on n'a pas d'échelles pour changer les grandeurs des modèles, ceux que l'on lèvera par centimètre sur les planches correspondront toujours aux sous-bras de 48, et seront constamment pour la même taille.

4° Il est indispensable d'avoir des échelles pour tracer, parce que, si l'on veut faire une méthode sans cela, il faut, ou des tables de proportions, ou des collections de mesures, ou enfin un nombre infini de modèles; car on devra non-seulement réunir une collection d'exemples pour toutes les structures, mais aussi les graduer sur toutes les tailles, et au lieu d'un seul modèle que l'on peut faire sur dix grandeurs avec les échelles, il faudra, au contraire, dix exemples pour un seul genre.

Or, il est convenu que le sous-bras est la mesure principale; et il est de fait que si on le partage en 48 parties, c'est pour avoir une échelle qui serve à reproduire un modèle semblable à un autre. Ainsi, comme un sous-bras de 40, comparativement à 48, contient un sixième de moins, il faut que le patron soit réduit à un sixième de moins dans toutes ses parties. Le calcul se fera de lui-même, parce que la mesure est déjà réduite.

On doit donc remarquer que l'on change d'échelle quand on veut changer la grandeur des modèles; que l'on change de modèle quand on veut changer de structure; mais que l'on ne change jamais l'échelle désignée par la demi-grosseur de poitrine.

Nous avons aussi admis que le sous-bras deviendrait l'échelle de proportions de chaque homme, parce qu'autrefois nous comptions (comme on fait encore pour l'armée) la hauteur de la tête aux pieds. Mais là encore les mesures ne conservent leur rapport que dans les tailles bien construites; on ne peut pas dire qu'un homme d'un mètre 70 centimètres de hauteur donnera tant de longueur pour tel point, tant de largeur pour tel autre, sans lui avoir pris mesure.

On verra plus loin que, pour évaluer les structures comme pour

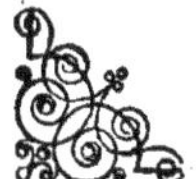

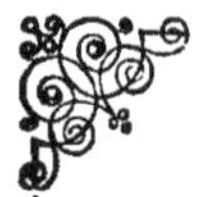

choisir les patrons, nous employons à la fois les longueurs et les largeurs; ceci lève toutes les objections.

Il est donc bien entendu que les grosseurs de poitrine sont toutes divisées en 48 parties, et que dans le modèle abrégé représenté par la figure 19, comme dans la grande échelle jointe à cet ouvrage, on trouvera que toutes les divisions s'arrêtent à 48. A la gauche des divisions sont les numéros des demi-grosseurs de poitrine, qui commencent à 32 et finissent à 64.

On a supprimé la série de 24 à 32, parce que ces échelles ne servent presque jamais, et que, dans tous les cas, elles peuvent être remplacées par les grandes, en prenant, par exemple, la moitié de la division de l'échelle n° 60 pour remplacer l'échelle n° 30.

Enfin l'on voit, par la manière dont ces échelles sont placées, qu'il y en a une partie dont les divisions sont plus petites que les centimètres, et une autre partie où elles sont plus grandes. L'échelle n° 48 fait la séparation entre les deux.

Voilà quel est l'instrument que nous adoptons pour faire les tracés. Et il faut bien considérer que ce procédé, dans lequel on admet pour principe unique que les demi-grosseurs de poitrine seront toutes partagées en 48 parties, n'admet pas un genre de coupe plutôt qu'un autre. L'échelle de proportions ne crée rien, elle sert à proportionner les différentes pièces d'un modèle; mais le tracé primitif doit provenir d'une autre source, et c'est ce que les mesures nous apprendront plus loin.

Dans la première édition de cette méthode, nous avions présenté plusieurs procédés de réduction, que nous supprimons ici, puisqu'ils n'ont été d'aucune utilité réelle.

La définition la plus importante était celle où il était question d'appliquer le calcul intermédiaire pour trouver, par exemple, une coupe d'un genre moyen entre deux extrêmes; mais le résultat de ces sortes de calculs a presque toujours produit le patron proportionné.

A présent l'on sait que l'étude à faire consiste à tracer en grandeur naturelle tous les modèles qui sont sur la première et la deuxième planche, tantôt avec les centimètres, tantôt avec l'échelle de proportions, suivant la demi-grosseur de l'homme, suivant aussi sa structure, car il ne faut pas, s'il est voûté, prendre le tracé qui correspond à un homme renversé; à présent, disons-nous, que l'on sait cela, nous devons expliquer pourquoi, sur la planche n° 2, il y a des modèles qui, tout en étant plus petits que les autres, indiquent de plus grandes dimensions. Cela tient aux remarques suivantes :

Les figures 2 et 3 sont doublement réduites, c'est-à-dire qu'en principe général tous les tracés sont faits au dixième de leur grandeur naturelle (ou par millimètres), ce qui est la même chose que de compter 1 centimètre pour 10, 2 pour 20, 3 pour 30, etc. De plus, comme le modèle avait été tracé d'après le n° 40, qui est d'un sixième moins grand que les centimètres, et qu'il a été fait au dixième de cette échelle, il se trouve donc réduit à une plus petite proportion. Par conséquent, la taille qui marque 50 n'est pas pour cela longue, puisqu'elle n'équivaut

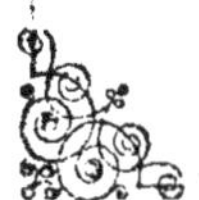
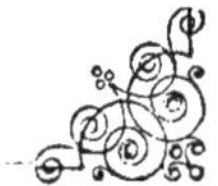

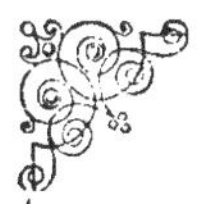
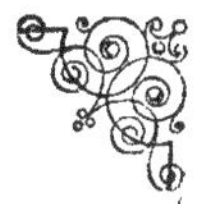

qu'à 42 centimètres. Ce que nous venons de dire s'applique à tous les modèles suivants.

Il existe aussi un classement par ordre de grosseurs, qui répond aux séries de structures dont nous avons parlé dans le chapitre précédent.

Nous voulons dire à cela que les figures 2, 3, par exemple, n'iront jamais à un homme dont la demi-grosseur sous les bras sera de 56 ou 60 centimètres, de même que les figures 13, 14, n'iront pas non plus à un homme ayant 40 ou 44 centimètres de poitrine, bien que l'un et l'autre corsage puissent se refaire d'après l'échelle indiquée par la demi-grosseur de l'homme.

Voilà donc pourquoi chaque genre de coupe se trouve enfermé dans un certain nombre de grosseurs ; et pour examiner leur classement, remarquez que,

Les figures 2 et 3 sont pour des demi-grosseurs de poitrine, ou sous-bras, depuis 36 jusqu'à 44, et que la moyenne est de 40 ; c'est-à-dire qu'on les emploiera plus souvent sur l'échelle n° 40 que sur toute autre.

Les figures 4 et 5 sont pour des sous-bras depuis 40 jusqu'à 48. La moyenne est de 44.

Les figures 6 et 7 sont pour des sous-bras depuis 44 jusqu'à 52. La moyenne est de 48. Il est déjà rare que pour un homme à 52 le buste ne soit pas trop long.

Les figures 9 et 10 sont pour des sous-bras depuis 48 jusqu'à 56. La moyenne est de 52.

Les figures 11 et 12 sont pour des sous-bras depuis 52 jusqu'à 60. La moyenne est de 56.

Les figures 13 et 14 sont pour des sous-bras depuis 56 jusqu'à 64 ; la moyenne est par conséquent de 60.

De cette façon, chaque modèle peut s'exécuter sur neuf échelles de grandeurs différentes. Cette limite n'est cependant pas invariable, quoique pourtant l'on ait rarement à s'en éloigner.

Après cela, nous avons à examiner deux genres de coupes, qui se trouvent dans les tailles moyennes ou petites ; ce sont les figures 15 et 16, qui répondent pour une structure élancée et voûtée, et se trouvent dans les grosseurs de 40 ou environ, et augmentent plutôt qu'elles ne diminuent. Les figures 24 et 25, au contraire, décroissent, parce que ce genre gros et élancé est particulièrement applicable aux enfants.

Les manches subissent aussi une dégradation très-variée ; à mesure que les grosseurs augmentent, les longueurs diminuent, et les deux modèles, figures 1 et 8, ne représentent ni les plus grandes ni les plus petites variations ; ce sont seulement deux termes moyens qu'il est inutile de multiplier, parce que le haut des manches est à peu près le même pour tous, et que les longueurs dépendent des mesures.

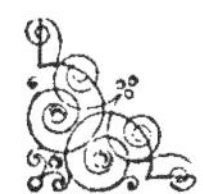
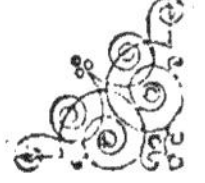

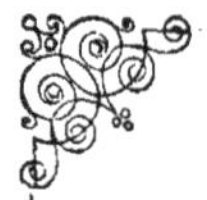
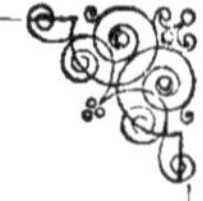

TROISIÈME CHAPITRE.

MÉTHODE DU MESURAGE, POUR GRANDES PIÈCES, UNIFORMES, AMAZONES ET GILETS. — EXPLICATION DE LA PLANCHE N° 3. — MANIÈRE DE PRENDRE LES MESURES. — PROPRIÉTÉ DES MESURES. — MESURES SUPPLÉMENTAIRES. — VARIATION DES MESURES.

(*Voir la planche n° 3.*)

MÉTHODE DU MESURAGE

Pour grandes pièces, uniformes, amazones et gilets.

Le mesurage, tel que nous le comprenons, est la partie la plus importante de toutes, car c'est avec ce procédé que l'on doit résoudre toutes les difficultés. Comment, en effet, établir un principe, si rien ne vient à l'appui des raisons que l'on croit avoir pour couper de telle et telle manière? Comment prouver que tel point d'un habit doit être à une certaine place plutôt qu'à une autre, s'il n'y a pas de mesures qui en donnent la preuve? Ainsi comptez bien que le mesurage, autrement dit la manière de prendre les mesures, conduit :

1° A trouver le développement exact de la surface du corps de l'homme, quelle que soit sa structure; et, comme nous l'avons dit, il ne doit pas y avoir un seul point dont la position ne fût déterminée par une mesure.

2° Le mesurage doit être suivi de certaines évaluations qui démontrent quelles sont les différences d'une structure par rapport à une autre.

3° Par le mesurage, on doit aussi savoir calculer quel est le genre qui convient à telle ou telle conformation.

4° Par le même procédé, on saura aussi comment l'habit doit se confectionner, et même quelles sont les retouches qu'il pourra avoir.

Pour arriver à ces résultats, il est essentiel d'entrer dans le plus de détails possibles.

La première remarque à laquelle nous nous arrêterons, c'est que, pour bien prendre les mesures, il faut s'y exercer d'avance, recommencer plusieurs fois sur la même personne afin de se former la main, et voir si, pour la même mesure, on ne trouve pas tantôt un chiffre, tantôt un autre. La précision fait tout, et nous devons avouer que l'on rencontre très-peu de bons *mesureurs*; il faut donc s'attacher à se rendre habile, car rien n'est plus ennuyeux pour un client que d'être tenu

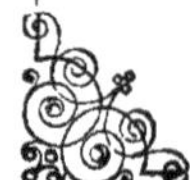

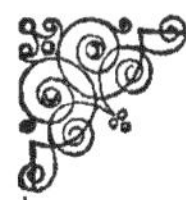
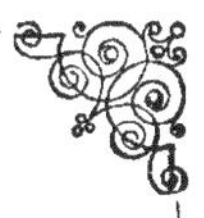

longtemps à la même place ; c'est pour cela que l'on nous objecte souvent qu'il faudrait une méthode plus abrégée.... Il y en a, mais elles ne sont pas certaines; et puis, comme la réussite dépend de cinq minutes de plus ou de moins, il vaut mieux les sacrifier que risquer de manquer une pièce faute de renseignements exacts.

Maintenant, pour comprendre ce que c'est que le mesurage des vêtements, il ne faut pas croire qu'il suffise d'avoir des longueurs ou des largeurs prises çà et là, sans liaisons entre elles. Les mesures doivent, au contraire, se lier les unes aux autres, de façon qu'il y en ait toujours plusieurs qui se réunissent sur un même point; il faut aussi observer quels sont les points que l'on peut adopter, afin que les mesures puissent y arriver en ligne droite. Le cou, les hanches, le devant des bras, sont les parties les plus importantes, parce que les mesures peuvent s'y concentrer, et que ce sont ces trois points sur lesquels repose l'aplomb du vêtement.

Il faut encore remarquer que la surface du corps de l'homme est un composé de figures géométriques tenant du cône, du cylindre, de la sphère. Telle partie est arrondie, telle autre est creuse; tel point est dur, tel autre est flexible; les nerfs surtout agissent plus sur certaines parties que sur d'autres.

Toutes ces choses sont peu connues, et l'on s'en fait, en général, une assez fausse idée; on suppose des bosses là où il y a des creux. Enfin, les mouvements du corps eux-mêmes ne sont pas calculés, et il y a de ces questions que l'on ne résoudra jamais : vouloir, par exemple, que l'habit le mieux coupé ne plisse pas quand il a été porté; vouloir aussi qu'un habit touche fortement à la taille sans être boutonné, et qu'il ne gêne pas devant les bras ni sur le cou; vouloir faire trois ou quatre pinces dans les devants de l'habit d'un homme qui a la poitrine étroite, et prétendre qu'il ne plissera pas de chaque côté.

Il semble à certaines personnes que si les mesures étaient prises sur le gilet, elles auraient plus de précision. Comme nous avons essayé de toutes les manières, nous avons trouvé qu'en effet il y en a quelques-unes qui doivent se prendre en dessous, mais que les autres seraient fausses, d'abord parce que plus on approche de la véritable structure de l'homme, plus on perd sur les mouvements ; ensuite il y a des parties qu'il faut marquer, et l'on ne trouve pas de points fixes. Le dessous de l'aisselle, par exemple, forme un creux qui placerait l'emmanchure de 2, 3 et même 4 centimètres trop haute, si l'on suivait la mesure; le tour du bras n'est pas rond comme on le représente dans la coupe des emmanchures; le derrière de la jointure du bras est, au contraire, droit sur l'omoplate. Ainsi on ne trouve pas la place de la pointe du côté, et au résumé un habit qui serait coupé d'après les mesures prises sur la chemise ne serait peut-être pas portable.

C'est donc sur l'habit que les mesures doivent se prendre, et encore on remarquera qu'elles sont de deux genres : les unes dépendent de la mode, les autres de la structure de l'homme.

Ainsi, une mesure prise sur habit qui va mal pourrait totalement

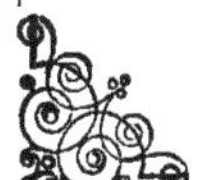
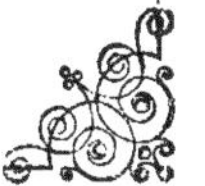

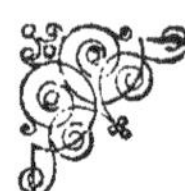
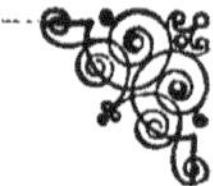

déranger l'aplomb, si l'on n'a pas soin de reconnaître, avant de prendre mesure, quels sont les défauts du vêtement, en calculant comment ils peuvent se rectifier, afin que celui qu'on exécutera ne s'en ressente pas. Voici quelques exemples des retouches que cet oubli occasionne souvent.

Une encolure trop basse entraîne le collet, parce que le dos est trop court.

Une encolure trop décolletée fait écarter le collet, et il semble que la cassure doive être rentrée.

Une encolure trop haute fait plisser l'épaulette et le haut du dos.

Une taille trop courte fait lever les basques, qui paraissent chasser en arrière, et ne produisent cet effet que parce que la couture d'assemblage ne porte pas dans la partie la plus creuse des reins.

Une taille trop longue fait remonter le corsage quand elle n'est pas détendue de façon à suivre la cambrure des reins.

Une écarrure trop étroite fait remontrer le devant de la manche, et la fait paraître large du côté du talon.

Une écarrure trop large plisse derrière l'épaule, et demande que le crochet soit détendu.

Une taille qui ne touche pas provient souvent d'un dos trop court, ou plutôt d'une emmanchure basse avec épaulette trop longue ou trop renversée.

Une épaulette trop droite occasionne des plis devant les bras, et ils sont très-sensibles, quand à une encolure trop droite il se joint une emmanchure trop basse.

Un devant ne porte pas sur le milieu de la poitrine quand il n'est pas assez serré, ou bien que l'épaulette est trop longue, ou bien encore que le bas des revers est trop abattu.

On trouve aussi des basques qui ouvrent faute d'ampleur, plutôt que d'aplomb.

Il y a encore d'autres observations qui prendront leur place dans la définition des mesures.

Explication de la planche n° 3.

Pour comprendre la marche que nous suivons dans ce chapitre, on observera que la planche n° 3 est disposée de la manière suivante :

Le haut est arrangé en forme de tête de registre, et cette partie est divisée en cinq sections, contenant chacune plusieurs colonnes dans lesquelles les mêmes mesures doivent toujours s'écrire.

La première section contient les mesures de 1 à 4, qui sont pour le *dos*.

La deuxième contient les mesures de 5 à 9, qui sont pour la *manche*.

La troisième contient les mesures de 10 à 14, qui sont pour la *structure:* on les a nommées ainsi parce qu'elles servent à connaître la structure de l'homme.

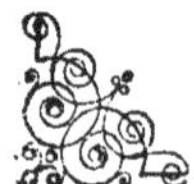
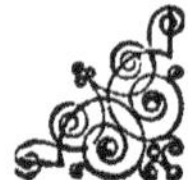

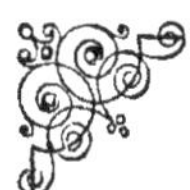
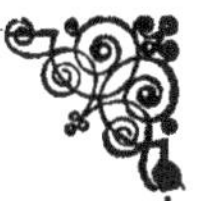

La quatrième section contient les mesures de 15 à 22; on les a nommées *corsage*, faute d'un terme plus expressif.

La cinquième section contient les *mesures de supplément*. Elles prennent de nouveaux numéros d'ordre de 1 à 8, parce que l'on est libre de les prendre ou de s'en passer, suivant l'importance que l'on y attache.

En prenant les indications ligne par ligne on voit que, dans la première, les mesures sont classées en cinq articles, et que chacune est renvoyée à un patron qui représente la place des mesures. Ainsi, pour le dos, il est dit: *voir la figure* 1, parce que cette figure indique la place des taille, basque, montant, carrure. Pour la manche, *voir la figure* 2, qui indique les longueurs et les largeurs. Pour la structure, *voir la figure* 3. Pour le corsage, *voir la figure* 4. Pour les mesures de supplément, *voir la figure* 5.

La deuxième ligne contient le numéro d'ordre et le nom des mesures, qui sont répétés sur les patrons; quand il y a des mesures dont on ne connaît pas la place, ce patron sert à les reconnaître.

La troisième ligne est le titre du tableau placé au-dessous, c'est-à-dire que ce *rapport des mesures pour apprendre à les comparer et à créer celles qui manquent* est expliqué par des notes écrites en long.

Pour la colonne nº 1, par exemple, les mots *2 centimètres de moins que le sous-bras* veulent dire que c'est la taille qui vaut, dans la proportion ordinaire, 2 centimètres de moins que la moitié de la grosseur de poitrine. Ainsi, toutes les notes qui sont entre le rapport des mesures et l'exemple qui indique les principales variations contiennent des observations sur lesquelles nous reviendrons plus tard.

La cinquième ligne donne l'*exemple de la variation des mesures*, et dit que *celles du milieu sont proportionnées*, ce qui signifie que dans les trois lignes de chiffres qui sont au-dessous les mesures notées au milieu appartiennent à l'homme proportionné, et répondent, par conséquent, au patron qui sert toujours de base.

Les patrons qui sont des deux côtés de la planche indiquent, comme nous l'avons dit, le nom et la place des mesures.

Puis il y a trois figurines sur lesquelles on a aussi marqué les mesures, en les désignant seulement par leur numéro d'ordre.

Ainsi, en résumant bien ce travail, on a trois moyens pour apprendre à mesurer; le premier, par des numéros et des noms mis en tête de chaque colonne d'un registre; le deuxième, par des patrons qui les répètent, afin qu'il y en ait peu sur chaque modèle; le troisième, par des bustes vus dans plusieurs sens.

Manière de prendre les mesures.

Pour prendre les mesures, il est entendu que l'on n'est pas tenu de suivre la forme de l'habit qui est sur l'homme; qu'on peut même la changer en faisant des marques d'avance; que les principales mesures s'appuient sur des points qui varient selon la conformation, et que

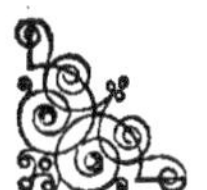
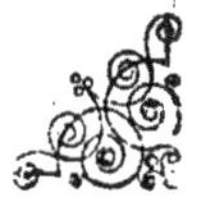

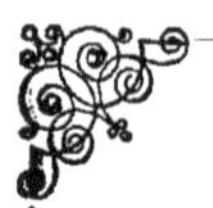
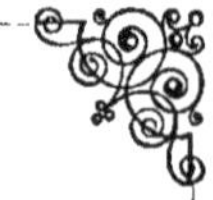

c'est précisément à connaître ces variations que doit tendre le principe du mesurage.

Ainsi, pour le DOS, *figure* 1, on se place derrière la personne, et on mesure les distances suivantes :

N° 1. **Taille**, comprenant la longueur entre l'encolure et le niveau des hanches. Le ruban doit être tendu, et si la taille est plus basse, il faut compter l'excédant à part, soit 4, 6 ou 8 centimètres de plus, et alors on écrit les deux longueurs dans la même colonne.

N° 2. **Basque**, comprenant la longueur entière que l'on peut compter à partir de la taille. Comme point d'appui on a le genou, ou bien une certaine distance de terre, comme cela se pratique pour l'habillement militaire, ou bien encore la fantaisie du client.

N° 3. **Montant**, comprenant la longueur oblique entre l'encolure et la pointe du côté. Le ruban doit être tendu, et pour toutes les mesures obliques il faut compter par le même côté du ruban, c'est-à-dire que si par en haut on part du côté droit, et que par en bas on s'arrête sur le côté gauche, la distance ne sera pas exacte.

N° 4. **Carrure**, comprenant l'espace entre la couture du milieu du dos et le talon de la manche. Pour cette mesure, le bras doit rester baissé ; on doit aussi chercher le point où est l'articulation du bras, et, en cas de difficulté, faire comme si l'on prenait le tour d'épaule en le serrant, et la place où entre le ruban est celle où il faut faire passer la carrure.

Pour la MANCHE, *figure* 2, on se met un peu de côté, et l'on fait ployer le bras à angle droit ; puis, laissant la mesure placée comme elle l'était en mesurant la carrure, on continue :

N° 5. **Longueur du coude**.

N° 6. **Longueur entière**, suivant le genre du vêtement.

N° 7. **Tour d'épaule**. Il faut serrer le ruban, et pour mieux mesurer cette partie, on laisse le bras levé, en entourant l'épaule, puis on le fait baisser de façon à ce que le coude touche à la hanche ; on fait aussi réunir le ruban près de la couture d'épaulette, parce que si l'emmanchure est large, les plis peuvent se refouler dans la carrure, qui est la partie où les garnitures sont le moins épaisses.

N° 8. **Grosseur du coude**, prise à la jointure du bras qu'on fait ployer après avoir placé le ruban, car il est à remarquer que quand le bras est tendu, il est plus gros au-dessous du coude, et que lorsqu'il est ployé, la tension des nerfs le fait augmenter d'environ 4 centimètres à l'articulation.

N° 9. **Poignet**. Cette grosseur se prend sur la piqûre du parement.

Pour les mesures de STRUCTURE, *figure* 3, on se tient dans la même position que pour la manche, et l'on mesure :

N° 10. **Cambrure**. Le ruban se place en travers de la taille, et s'arrête de façon à répondre à un point qui soit vis-à-vis le milieu du dessous du bras ; il faut remarquer que ce point n'est pas à la partie la plus saillante de la hanche, qui se trouve généralement plus en avant et dans une proportion de 24, tandis que le point de cambrure n'est

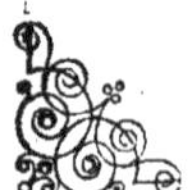
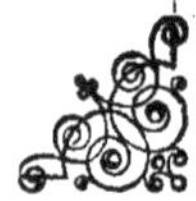

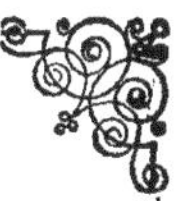

ordinairement que de 16. Remarquez aussi que quand la taille ne touche pas, il faut serrer le ruban; quand la taille est courte, il faut en quelque sorte plisser la basque. Quand les tailles sont longues, il faut prendre une cambrure oblique, qui sert à indiquer le renvoi que l'on doit donner au bas du côté; enfin, quand un vêtement est très-large, soit un tweed, par exemple, on attache autour de la taille de l'homme un ruban qui le serre comme une ceinture.

N° 11. **Courbure**, comprenant l'espace direct entre le haut du dos et le point de cambrure, qui doit être marqué avec de la craie. Le ruban doit être tendu, et pour voir s'il est droit, on regarde s'il ne gode pas sur les bords; habituellement il passe au milieu de la couture du côté; quand il se rapproche de l'épaule, c'est qu'il est courbé.

N° 12. **Grand coté**, comprenant la distance entre la pointe du côté et le point de cambrure; le ruban se tend de lui-même, et souvent dans les emmanchures basses il se trouve trop court, surtout lorsque les côtés sont creux.

N° 13. **Petit coté**, comprenant l'espace entre le dessous de l'emmanchure et le point de la hanche; il faut que le ruban entre bien sous le bras, et quand la manche gêne, on la remonte pour arriver au point le plus creux, sans s'occuper de la place où est la couture.

N° 14. **Buste**, comprenant la distance entre le haut du dos et la hanche. Pour bien mesurer cette partie, on place le haut du ruban en haut du dos; on le passe sous le collet, devant l'épaule; on l'arrête en bas, et l'on a soin d'appuyer dans le creux de l'épaule. Le ruban doit être fortement tendu, et quand cette mesure est douteuse, on la reprend en sautoir sur le gilet, en ayant soin, toutefois, que le point de cambrure soit à la même place; il faut, pour cela, faire une marque au gilet ou à la ceinture du pantalon.

Pour le CORSAGE, *figure 4*, on revient devant la personne sans se mettre tout à fait de face, et l'on continue de mesurer :

N° 15. **Devant**, partant du haut du dos, tournant autour du cou, et s'arrêtant au bas du revers. Pour mettre ce point en rapport avec la taille, il faut se placer de côté et comparer les hauteurs de façon à ce qu'elles se trouvent de niveau, si tel est le genre du vêtement. On porte les devants longs en ce moment; cependant il en est de cela comme de la taille : quand le devant penche il remonte, s'il n'est pas travaillé pour serrer le corps horizontalement.

N° 16. **Revers**. Cette longueur comprend l'espace entre l'encolure et le bas du devant; il faut, en la prenant, tenir le devant serré, si par cas les anglaises paraissent trop longues.

N° 17. **Poitrine**, comprenant l'espace entre le devant de l'emmanchure et le haut du revers. Son point de départ est entre la couture de la manche et le dessus de l'épaule; elle se trouve par conséquent placée plus haut que quand on la prend en travers d'une épaule à l'autre, mais aussi elle sert à déterminer la forme du haut, tandis que prise autrement elle ne sert à rien, puisque l'on a la grosseur de poitrine qui fixe la largeur du devant.

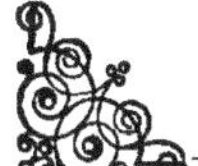
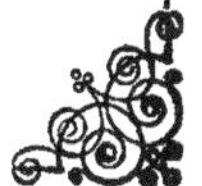

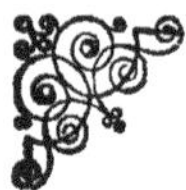
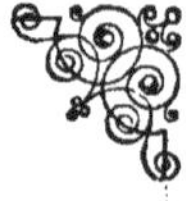

N° 18. Épaulette, comprenant l'espace entre l'encolure et l'emmanchure. Elle sert à fixer non-seulement la largeur de l'épaulette, mais aussi à en trouver le redressement. Quelquefois il arrive que, pour les hommes qui ont les épaules rentrées, on remarque que l'os de l'épaule n'est pas placé à la couture, et dans ce cas, s'il est à 8 de distance, on le met en note dans la même colonne.

N° 19. Collet, qui peut varier de longueur selon le genre du vêtement. Pour un uniforme, il se trouve sur la cravate; pour un habit boutonné jusqu'en haut, il est sur la cravate et sur le haut du gilet; pour un pardessus, c'est sur le collet de l'habit, etc.

N° 20. Avancement. Mesure servant à déterminer la position ou l'avancement de l'épaule. Pour la prendre, on passe d'abord le ruban sous le bras, puis on place l'extrémité sur la couture du dos, de façon à ce qu'il soit de niveau avec la hauteur de l'écarrure; ensuite on étend le ruban avec la main qui est en avant, en la tenant de manière à ce que le pouce s'appuie sur le bras et soit ployé en équerre. Avec la main qui est sur le dos, on soutient le ruban et l'on appuie en même temps sur l'omoplate, afin d'effacer la largeur qui peut se trouver dans le côté; et comme, en serrant, la mesure peut devenir trop petite, on fait avancer le bras de la personne; les deux mains étant employées à tenir la mesure, on est obligé d'appuyer avec la poitrine.

N° 21. Sous-bras. Terme abrégé, qui comprend la circonférence du corps, et qui donne, comme on sait, le numéro de l'échelle de proportions; on doit prendre cette mesure sur le gilet, de manière à monter le plus haut possible par derrière; malgré cela, l'on a remarqué que le ruban ne monte jamais plus haut que la moitié de la longueur du dos.

N° 22. Ceinture, comprenant la grosseur au défaut des hanches. Cette mesure doit se prendre à sa largeur naturelle; l'aisance comme le serrage se comptent à part.

Propriété des mesures.

En examinant la propriété des mesures qui viennent d'être expliquées, on trouvera que :

La *taille* est pour la longueur du dos, et pour l'allongement, s'il y a lieu.

Le *montant*, pour la position du bas de la carrure.

La *carrure*, pour le travers du dos.

Le *tour d'épaule*, pour la grandeur de l'emmanchure.

La *cambrure*, pour le point de jonction des quatre autres mesures.

La *courbure*, pour l'aplomb du dos.

Le *grand côté*, pour la pointe et le rentrage du haut du côté.

Le *petit côté*, pour l'intervalle entre les deux coutures.

Le *buste*, pour la longueur de l'épaulette.

Le *devant*, pour le bas du revers.

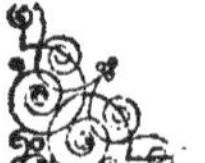
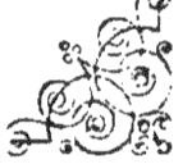

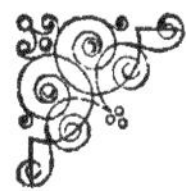
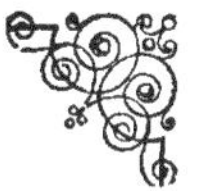

Le *revers*, pour la hauteur de l'encolure.
La *poitrine*, pour le haut du devant.
L'*épaulette*, pour la largeur et le redressement.
Le *collet*, pour la longueur de l'encolure.
L'*avancement*, pour le devant de l'emmanchure.
Le *sous-bras* et la *ceinture*, pour les deux principales largeurs.

Si l'on examine, disons-nous, la propriété de ces mesures, on trouvera qu'il reste encore quelques questions à résoudre, et pour les personnes qui croient à la capacité des mesures, on doit voir qu'il y manque quelque chose. Par exemple, quel doit être le redressement de l'épaulette? De combien doit-on faire prêter l'emmanchure? Quelle est la valeur du serrage du devant? Quelle est la force des pinces des hanches? etc.

C'est pour tout cela que nous ajoutons les mesures de supplément, qui font suite à celles qu'on vient d'expliquer; elles ne se prennent pas journellement, et sont une sorte de contre-épreuve employée dans les cas difficiles, servant à démontrer comme quoi le mesurage peut toujours résoudre la question majeure : celle d'obtenir des coupes conformes à toutes les structures.

Mesures supplémentaires.

On a donné un numéro d'ordre particulier à ces mesures, parce qu'il y a beaucoup de personnes qui les prennent, et qu'elles sont venues les unes après les autres, sans qu'on ait de place pour les écrire. En les classant de cette façon, elles peuvent se placer dans les colonnes qui, au livre des mesures, sont pour les pantalons. Ces mesures de supplément, indiquées sur la figure 5, se prennent de la manière suivante :

N° 1. **Pointe du coté**, comprenant l'espace entre la pointe du haut et le cran de la taille. Cette mesure contrôle le grand côté, et démontre souvent qu'il faut de l'embu dans le dos, parce que la couture est rapprochée de l'omoplate.

N° 2. **Hauteur d'épaule**, comprenant la distance directe depuis la taille jusqu'à la partie la plus élevée du dessus de l'épaule.

N° 3. **Suite de la hauteur d'épaule**, venant aboutir au point de cambrure.

Ces deux mesures servent à calculer le tendage de l'emmanchure, et voici comment : une emmanchure qui est trop petite, après avoir employé l'avancement, les petit et grand côtés, ne peut nécessairement s'agrandir que par le haut de l'épaulette; or, en ajoutant à cette partie, c'est de l'étoffe qu'on remet dans le dos, sans remédier au point qui peut gêner; ajoutez à cela que l'emmanchure n'est petite que parce que le buste passe sur une partie creuse; que le tour d'épaule, ainsi que sa hauteur, passe sur une partie saillante, et que c'est pour cela que ces deux dernières ne s'accordent pas avec le buste. Ainsi, la

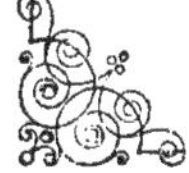
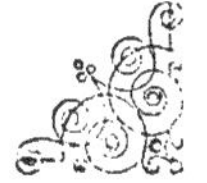

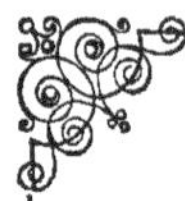
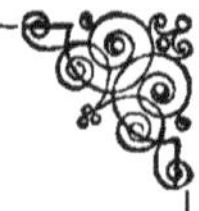

hauteur d'épaule, à part le point qu'elle donne, a la propriété de contrôler le tendage de l'emmanchure.

N° 4. **Double montant**, comprenant l'espace entre le haut du dos et le dessus de l'épaule. Cette mesure sert à déterminer la hauteur du milieu de l'encolure.

N° 5. **Double poitrine**, prise du devant du cou au-dessus de l'épaule. Elle sert à fixer d'un côté la hauteur et la largeur du haut du devant; de l'autre elle sert d'appui à la largeur de l'épaulette; et, à l'ensemble, les *double montant, double poitrine* et *épaulette*, doivent donner le degré d'échancrure qu'il faut faire au côté de l'encolure. Comptez, pour en faire l'épreuve, que, si on place d'abord l'épaulette du dos contre celle du devant, puis que l'on mène une ligne droite partant du haut du dos (A), et s'arrêtant au haut du revers (B); puis que l'on mesure ensuite le creux compris entre les points C—D, il en résultera naturellement que l'encolure sera plus ou moins creuse, suivant la largeur d'épaulette placée entre D—E. C'est, en définitif, le développement du dessus des épaules que l'on doit obtenir par ces trois mesures.

N° 6. **Revers oblique**, partant de la hanche pour s'arrêter en haut du revers. Cette mesure sert à déterminer le serrage du devant, et en voici la raison : la longueur du devant reste telle qu'elle est quand l'habit est terminé; le revers oblique conserve aussi sa mesure; par conséquent, lorsque l'on applique ces deux mesures sur le patron, et que l'on y ajoute la longueur du revers, celle-ci ne vient pas se rencontrer avec le revers oblique, et l'intervalle qui reste entre les deux points d'arrêt représente la valeur du serrage. Dans un tracé, par exemple, le revers oblique arrêtera l'encolure à 10 centimètres de hauteur, le revers la fera baisser à, supposons, 13; or, les 3 centimètres d'intervalle seront pour le serrage du devant.

N° 7. **Creux des reins.** Cette mesure part du haut du dos, passe devant l'épaule, et s'arrête au milieu de la taille; elle se prend dans la Méthode Anglaise, et devrait servir à déterminer le rentrage du côté ; mais elle est sujette à erreur, parce qu'elle passe sur des parties qui ont des plis, soit au devant de l'emmanchure, soit dans les côtés; son application n'est bonne qu'autant que le tracé est déjà fait. Elle sert principalement à contrôler les mesures de structure; quand, par exemple, on compte la cambrure à 1 centimètre de moins, la mesure du creux des reins, appliquée après, se trouve aussi contenir 1 centimètre de moins.

N° 8. **Grosseur sur les hanches.** Cette mesure peut avoir différents emplois. Pour les habits, par exemple, elle sert à déterminer la largeur de la basque; pour les paletots, elle sert à calculer l'élargissement qu'il faut donner par les renvois, tendages, évasements des côtés, etc. La mode des tailles longues exige même un mesurage assez compliqué, car il faudrait d'abord calculer à quelle hauteur on place les coutures de la taille, puis prendre la grosseur sur ce point, ce qui donne nécessairement des différences; quand, par exemple, on prend

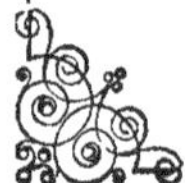

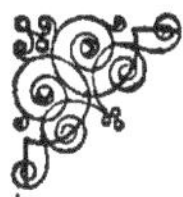
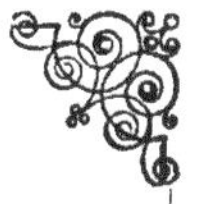

la grosseur à 10 centimètres au-dessous de la ceinture elle est presque toujours d'une valeur égale à la grosseur de poitrine.

La grosseur des hanches ne suffit pas pour trouver la cambrure des reins, et nous avons déjà fait remarquer qu'il fallait prendre une cambrure oblique qui parte du défaut de la hanche et se dirige en biais vers le point où descend le cran de la taille. Dans un habit, pour déterminer l'ampleur de la basque, il faudrait supposer la taille à 10 centimètres plus basse, puis partir de ce point, entourer la hanche et s'arrêter à l'ouverture du devant de la basque, après, toutefois, que l'on aurait mesuré la distance horizontale depuis le milieu du dos jusqu'au cran.

On remarquera que nous avons supprimé le diamètre d'épaule, parce que cette mesure est la moins importante; dans tous les cas, on peut la compter comme neuvième mesure de supplément.

Variation des mesures.

Actuellement nous avons à nous occuper du rapport des mesures, et c'est de ce travail que doivent ressortir toutes les comparaisons possibles. On doit savoir :

1° Si les mesures sont bien ou mal prises, afin de les rectifier sur la personne, ou les changer en faisant le tracé.

2° Quelles sont les variations que l'on peut rencontrer, et jusqu'à quel point telle ou telle mesure peut accroître ou diminuer?

3° Il est urgent de savoir composer les mesures, car on ne peut pas toujours les prendre; quelquefois elles sont anciennes, d'autres fois elles manquent totalement; enfin un coupeur peut se trouver dans une maison où l'on ne prend pas les mesures de la même manière que lui.

4° On peut, comme nous l'avons déjà dit, savoir par l'évaluation des mesures, quelle est la structure de l'homme, et quel sera le genre de coupe qui lui convient.

Ainsi, ce rapport des mesures et leur variation sont notés sur le tableau, et l'on y trouve les remarques suivantes :

La TAILLE (46) vaut 2 centimètres de moins que le sous-bras (48); quand elle augmente, l'homme est élancé ou voûté; quand elle diminue, l'homme est trapu et renversé. Il est entendu que souvent on ne trouve que de petites différences qui ne comptent presque pas, et comme extrême, nous avons trouvé des dos qui ont jusqu'à 8 de plus que le sous-bras, et d'autres qui ont 10 de moins; ce qui donne 38—46—54; encore ces différences sont-elles des proportions d'échelle; 54, par exemple, était une longueur de dos de 45 centimètres, qui, comparée sur l'échelle n° 40, donnait 54 points d'échelle; 38 de taille était une longueur de dos de 44 1/2, qui, comparée sur l'échelle n° 56, donnait 38 points d'échelle.

Le MONTANT (24) vaut 5 centimètres de plus que la carrure (19).

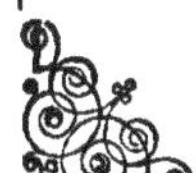
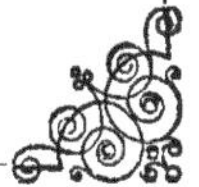

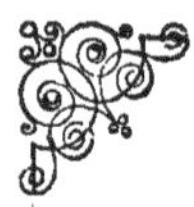
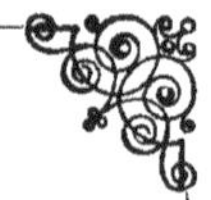

Quand il augmente sans que la carrure change, c'est que l'homme a les épaules basses; quand il diminue, c'est que les épaules sont hautes. Après cela il y a les changements de mode qui peuvent présenter les mêmes variations, puisque l'on peut faire les pointes de côté hautes ou basses. On remarquera qu'en prenant successivement le montant (23) avec les écarrures 17—19—21, on aura trois dos de largeurs et positions différentes; la même application faite avec les deux autres montants produirait neuf dos différents.

La CARRURE (19) vaut, comme il a été dit, 5 centimètres de moins que le montant; cette mesure varie en outre de 17 à 21, et la déclinaison se rencontre dans les fortes tailles ou dans les hommes qui ont les épaules en arrière. L'accroissement se rencontre, au contraire, dans les tailles moyennes et même petites, ou bien dans les hommes qui ont les épaules larges.

Le TOUR D'ÉPAULE (43) vaut 5 centimètres de moins que le sous-bras et varie de 38 à 48, d'où le terme moyen est 43; ainsi c'est une variation de 10 centimètres dans une partie que l'on ne mesurait pas autrefois et qui est la plus importante de toutes.

La CAMBRURE (16) vaut le tiers du sous-bras, ou la moitié de l'avancement; elle varie considérablement, suivant la force des ceintures, et vaut quelquefois la moitié du sous-bras; quelquefois elle n'en vaut que le quart.

La COURBURE (50) vaut 4 centimètres de plus que la taille, et 6 de moins que le buste; pour les hommes voûtés, elle augmente avec la longueur du dos; pour les hommes renversés elle diminue, attendu que les dos sont plats.

Le GRAND COTÉ (30) vaut 6 centimètres de plus que le petit côté; cette mesure peut varier pour plusieurs raisons; si, par exemple, la pointe du côté est haute, la mesure sera grande; si elle est basse, le côté sera court. Les hommes à épaules petites ont aussi cette même différence. Le point de cambrure placé trop en avant ou trop en arrière peut aussi donner des changements au grand côté.

Le PETIT COTÉ (24) porte que cette mesure vaut la moitié de la taille; mais ce ne serait que 23, puisque le dos n'a que 46; c'est donc la moitié du sous-bras qu'il contient, et quelquefois c'est plus que l'un et l'autre; ainsi un homme élancé pourrait donner 25 de petit côté, 45 de taille et 44 de poitrine.

Le BUSTE (56) vaut 10 centimètres de plus que la taille, et 6 centimètres de plus que la courbure. Comme la taille est sujette à varier selon la mode, on doit pour plus d'exactitude comparer la courbure avec le buste, et les variations qu'ils présentent sont : que pour l'homme voûté la courbure n'a que 3 de moins que le buste; pour l'homme renversé la courbure en a 9 de moins; on sait que pour un rapport de ce genre il faut toujours se méfier des mesures, car pour tout homme renversé l'aplomb est faux si l'on suit les mesures exactement, parce que la position du corps est forcée. On sait que c'est dans ces sortes d'hommes que les tailles ne touchent pas, vu que les dos sont trop courts.

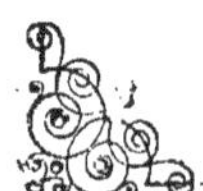

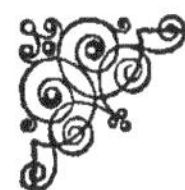
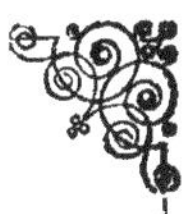

Le **DEVANT** (60) vaut 4 centimètres de plus que le buste ; cette mesure dépend de la mode et n'est fixe que pour le serrage de la ceinture.

Le **REVERS** (40) vaut 20 centimètres de moins que le devant, mais c'est encore une mesure qui dépend de la mode.

L'**AVANCEMENT** (33) vaut les deux tiers du sous-bras, plus 1 centimètre, et varie de 30 à 36. La diminution provient des épaules petites ou en arrière ; l'augmentation vient des épaules fortes ou en avant. Cette variation de 6 centimètres est grande en raison de la proportion ordinaire ; mais elle vient de ce que le tour d'épaule présente de grandes disproportions.

Le **SOUS-BRAS** (48) est la mesure qui désigne l'échelle de proportions, et comme toutes les grosseurs sont partagées en 48 parties, on peut supposer que les mesures écrites dans la deuxième ligne sont des proportions appartenant à toutes les échelles.

La **CEINTURE** (40) vaut 8 centimètres de moins que le sous-bras. C'est la proportion moyenne, laquelle varie d'une extrémité à l'autre. On trouve, par exemple, 48 sous les bras avec 32 de ceinture, ce qui ferait 16 de moins ; on trouve aussi 56 avec 72 de ceinture, ce qui ferait 16 de plus ; on a même trouvé 50 avec 72.

Maintenant, si on se demande comment on peut créer les mesures qui manquent, il n'y a qu'à se servir de l'évaluation et dire :

Pour un homme droit ou proportionné, on mettra le montant à 5 de plus que la carrure ; le tour d'épaule à 5 de moins que le sous-bras ; la cambrure au tiers du sous-bras ; la courbure à 4 de plus que la taille ; le grand côté à 6 de plus que le petit côté, et celui-ci à moitié taille ou moitié sous-bras ; le buste à 10 de plus que la taille ; l'avancement aux deux tiers du sous-bras. Quant aux grosseurs, il faut absolument les avoir.

Pour un homme courbé, on ne compterait pas le buste à 10 de plus que la taille ; mais, quand il s'agit de créer les mesures d'une structure difficile, on risque à tomber dans l'erreur, et il faut avoir une grande connaissance de la variation des mesures pour pouvoir s'en passer. Il vaut beaucoup mieux alors recourir aux modèles qui sont sur les planches, les choisir et les tracer avec l'échelle de proportion désignée par la demi-grosseur de poitrine.

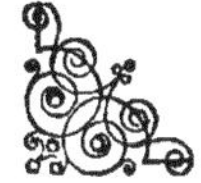
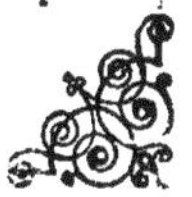

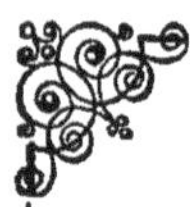
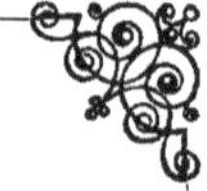

QUATRIÈME CHAPITRE.

RÉSUMÉ DES ARTICLES PRÉCÉDENTS. — TRACÉ DES PATRONS. — EMPLOI DES MESURES. CHANGEMENTS PRODUITS PAR LES MESURES. — EMPLOI DES MESURES DE SUPPLÉMENT. — TRACÉ SUR MESURES. — CHANGEMENTS PRODUITS PAR LA MODE.

Résumé des articles précédents.

Nous commencerons dans ce chapitre par résumer en peu de mots le contenu des articles précédents :

Ainsi, l'on a d'abord pris connaissance des principales structures qui existent, et des tracés de coupe correspondant à ces mêmes structures. On a vu aussi qu'il y avait un moyen très-simple pour changer la grandeur des modèles et que, par ce moyen, les planches nos 1 et 2 contiennent non pas 14 modèles, comme cela semble être au premier abord, mais bien 140, puisque chacun d'eux peu se reproduire sur au moins dix grandeurs différentes.

On a vu que c'est l'échelle de proportion qui sert à faire l'opération précédente.

Enfin la description du mesurage a suffisamment démontré que c'est de là que partent tous les moyens d'exécution.

Ceci nous indique tout naturellement le programme que nous avons à suivre dans ce chapitre, c'est-à-dire, traiter les questions dont on n'a pas encore parlé, et qui sont :

1° La manière de faire le tracé, qui n'a pas encore été définie.

2° L'emploi des mesures, qui nécessite de nouvelles études.

3° Le moyen que l'on doit suivre pour abréger le tracé, afin d'arriver immédiatement à la pratique.

Tracé des patrons.

Pour procéder par ordre, nous commencerons par le tracé des patrons ; et, comme l'opération est toujours la même, ce qui sera dit pour l'un sera applicable à tous.

On sait déjà que des patrons faits en petit sont toujours le résultat d'une opération faite en grandeur naturelle, et qu'ils ne sont acceptés qu'après avoir été essayés plusieurs fois. Donc il ne faut pas croire que des patrons ne puissent pas se dessiner d'après notre méthode s'ils n'ont pas été en premier lieu tracés d'après les mêmes principes. Tout modèle, au contraire, tracé de routine, ne contenant aucune ligne de

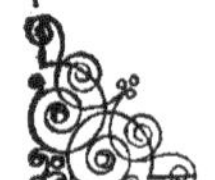
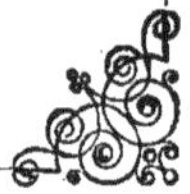

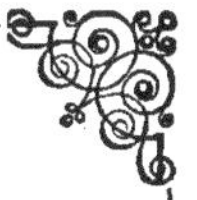

construction, peut toujours supporter un relevé fait par des lignes qui le traversent en plusieurs sens, et servent à déterminer ses longueurs et ses largeurs; puis en mesurant tous les espaces et en écrivant les chiffres sur chacun d'eux, on arrive nécessairement à pouvoir reproduire le modèle exactement, sans être obligé de tracer tout autour.

Supposons donc que les figures 1 et 2 de la planche n° 4 sont le résultat d'un patron qui a été éprouvé et reconnu sans défauts, puis que l'on en a noté la construction afin de pouvoir le reproduire sur d'autres tailles. Cette opération s'exécute de la manière suivante :

La première ligne de construction du dos est la couture du milieu. On la fait droite pour tous les modèles; seulement, quand les tailles sont allongées, on la resserre à partir du point d'allongement. C'est la seule ligne droite qu'il y ait dans un corsage.

Après qu'elle est tirée, on marque les points de longueur, 0—13—16—47, puis on trace une ligne à angle droit sur chacun de ces points, et l'on distribue les largeurs comme il suit :

L'encolure est entre 0—6. La carrure est entre 16—19. La taille est entre 47—6.

Le côté et l'épaulette se tracent d'abord par des lignes droites; puis les cintres se forment à la main. Pour le côté on partage la ligne qui va de 19 à 47 en trois parties, puis sur le tiers, à partir d'en haut on fait passer la courbe à 1 centimètre en dedans de la ligne, et sur l'autre tiers elle la traverse. Cette disposition est nécessaire pour que le dos s'accorde avec le devant; autrement, si on tient le côté plus plein ou plus creux, il faudra rétrécir ou élargir de la même valeur.

La première ligne de construction du devant est placée sur le côté; c'est elle qui soutient tous les points de longueur, et comme elle ne touche que sur un seul point, il est évident que le devant peut se tourner de plusieurs manières, et changer de position sans pour cela différer par sa forme. Il faut donc admettre certaines conventions qui, au surplus, sont toujours contrôlées par l'emploi des mesures.

Lorsque la première ligne de construction du devant est faite, on marque les points de longueur 0—4—8—10—21—26—31—50—54. Après que ces points sont placés, on mène une ligne perpendiculaire sur chacun d'eux, et l'on marque les largeurs par ordre; c'est-à-dire que 0—22 est la deuxième ligne; 4—23 est la troisième; 8—5 est la quatrième, etc. Après cela, chacun de ces points a une destination spéciale :

Le point 22, à partir de 0, est pour le côté de l'encolure.

Le 23, à partir de 4, est pour le creux de l'encolure.

Le 5, à partir de 8, est pour la pointe de l'épaulette.

Le 36, à partir de 10, est pour le haut du revers.

Le 3, à partir de 21, est pour la pointe du haut du côté.

Le 17, à partir de 21, est pour le devant de l'emmanchure.

Le 11, à partir de 26, est pour le milieu du dessous de l'emmanchure.

Le 41, à partir de 26, est pour le bord du devant, et ne représente pas la grosseur de poitrine comme quelques personnes le croient; il a

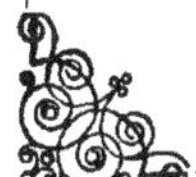

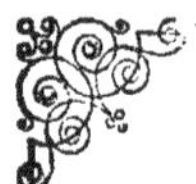
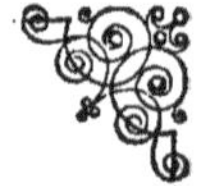

seulement la propriété de produire 6 centimètres de plus que le sous-bras quand on mesure le dos et le devant ensemble.

Le 34 placé sur la ligne de construction, marque le point où le rond du côté vient toucher la ligne droite.

Le 16, à partir de 50, est pour le creux de la hanche.

Le 39, à partir de 50, est pour le bas du devant, bien que celui-ci descende à deux ou trois centimètres au-dessous de la ligne.

Le 8, à partir de 54, est pour la pointe du bas du côté, ou ce que l'on appelle le *rentrage*.

Le contour du patron se trace à la main, et par économie de temps on peut aussi ne le faire qu'après avoir appliqué les mesures.

Cette manière de tracer doit se répéter jusqu'à ce qu'on la pratique sans aucune hésitation. Elle se fait avec les centimètres marqués sur un ruban ou avec l'échelle de proportion en papier, qu'il faut plier sur la ligne désignée par le numéro de grosseur placé à la gauche; il faut avec cela une règle bien carrée par un bout, ou encore une équerre. Les échelles en bois remplacent tous les autres instruments, parce que ces échelles ont les centimètres au milieu, et des lignes qui les traversent pour remplacer l'équerre. Or, elles servent pour les lignes, les points d'échelles et les mesures.

Emploi des mesures.

La manière de tracer étant bien comprise, il faut remarquer que les patrons ne doivent pas se couper avant d'avoir été vérifiés. Ceci forme le deuxième paragraphe de notre programme, qui est l'étude de l'emploi des mesures.

Ce travail a une marche différente de celle que l'on suit pour prendre les mesures sur la personne. Pour la première, il faut autant que possible suivre toujours le même ordre, car si on ne le suit pas, et qu'on fasse tantôt d'une façon, tantôt de l'autre, on ne s'y reconnaît plus et l'on perd beaucoup de temps. Quant à l'emploi des mesures, on peut le changer et opérer de plusieurs manières, bien que nous en donnions une qui est fixe.

L'emploi des mesures est accompagné de certaines exceptions résultant de l'effet du travail. Ainsi pour ce qui regarde l'ordre qu'il faut suivre, cela est indiqué sur les figures 3—4; pour ce qui concerne les exceptions, on les a indiquées par les mots *Plus*, *Moins*, *Egal*, mis dans l'intérieur des figures 5—6. Il est entendu que les deux dos et le devant sont supposés ne former qu'un seul corsage.

Pour le DOS, la *taille* se place en premier, et l'on met 1 centimètre de plus pour la perte que produisent l'échancrure et la couture du haut. La *carrure* se place en deuxième et se met juste à la mesure, parce que le drap prête pour la valeur des coutures. Le *montant* s'emploie en troisième, et se compte à 1 centimètre de plus, parce que perte est la la même que pour la longueur de taille.

En vérifiant le DEVANT, la *cambrure* se place en premier, et il faut

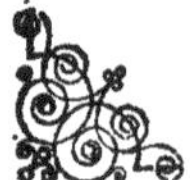
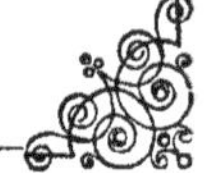

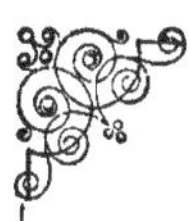
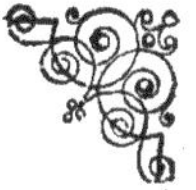

que le dos soit contre le côté, puisqu'il est compris dans la mesure; on compte 1 centimètre de moins pour le prêtage qu'il faut faire entre les points 8—16; s'il n'avait pas lieu, on emploierait la cambrure sans aucune exception.

La *ceinture* s'emploie en deuxième, parce qu'elle fait suite à la cambrure, et qu'il est essentiel de marquer le côté et le devant en même temps, afin d'élargir ou rétrécir selon la proportion que donne cette mesure; on la met à 1 de moins, parce que le côté est tendu.

Le *buste* s'emploie en troisième, et se met égal à la mesure, parce que le drap prête pour la valeur des coutures; il est entendu qu'il faut que le ruban dépasse en haut de l'épaulette d'une valeur égale à l'encolure du dos.

Le *petit côté* s'emploie en quatrième, en ajoutant 1/2 centimètre pour la couture; on met plus quand on craint que l'emmanchure soit trop basse.

Le *grand côté* s'emploie en cinquième; il faut qu'il ait 1 centimètre de plus que la mesure, parce que la pointe est aiguë et devient plus courte quand les deux coutures sont faites.

La *courbure* s'emploie en sixième; elle doit porter 1 centimètre de plus que la mesure, pour le dérangement que produit l'assemblage; le dos doit être placé contre le côté, de façon à ce qu'il touche le devant dans les deux tiers de sa longueur, et qu'il reste un espace entre la carrure et la pointe du côté, dont l'ouverture se détermine par l'effet du montant, du grand côté et de la courbure.

L'*avancement* s'emploie en septième; il se compte à mesure égale, parce que cette partie élargit toujours; cependant, pour le placer dans la position qu'il prend sur l'homme, on devrait tourner le dos de façon à ce qu'il touche sur le haut du côté.

Le *sous-bras*, ou demi-grosseur de poitrine, s'emploie en huitième, en ajoutant 6 centimètres de plus pour des coupes ordinaires; si c'est un habit très-renversé, avec de larges revers, on peut n'en mettre que 4; mais au boutonnage la couture ne se trouve plus sur le milieu du corps. Pour mesurer cette partie, il faut que le dos reste contre le côté, que la mesure parte du milieu de la longueur de taille, tourne un peu pour toucher l'emmanchure, et revienne sur le devant.

L'*épaulette* s'emploie en neuvième, et se compte égale à la mesure; cependant on y ajoute souvent la perte produite par les coutures.

Le *tour d'épaule* s'emploie en dixième; on a compté, terme moyen, 1 centimètre 1/2 de moins que la mesure; mais cette partie a besoin d'être plus ou moins tendue, suivant la force et la forme des épaules; pour quelques hommes, il ne faut pas tendre l'emmanchure; pour beaucoup d'autres, il faudrait l'agrandir par le tendage de 3 centimètres.

Le *devant* s'emploie en onzième; il se met égal à la mesure, parce que la place où il passe reste la même quand l'habit est terminé.

La *poitrine* s'emploie en douzième, et sa position est déterminée par une ligne supposée entre le haut du revers et la pointe du côté; autre-

5

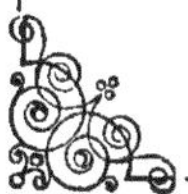
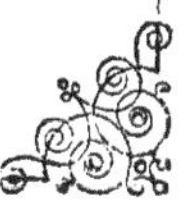

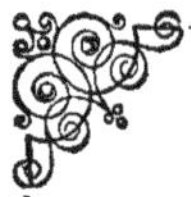
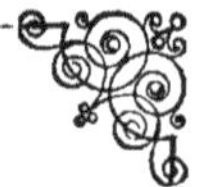

ment dit, elle touche l'emmanchure sur le point qui fait le milieu entre la couture de la manche et le dessus de l'épaule.

Le *revers* s'emploie en treizième; on le compte approximativement à 2 centimètres de plus que la mesure; c'est-à-dire que, le devant étant réglé et le revers s'appuyant en bas du devant, démontrent que cette partie ne peut plus changer, et que les 2 centimètres de plus doivent être laissés dans le haut du revers.

Le *collet* s'emploie en dernier, sans faire d'exceptions, parce qu'il ne sert que pour les vêtements boutonnant jusqu'en haut. On compte l'encolure égale au collet, sauf un léger tendage sur le côté.

Changements produits par les mesures.

Maintenant, pour bien comprendre que les mesures donnent telle forme à un patron plutôt que telle autre, il faut étudier les changements que chacune d'elles peut produire, en remarquant que, du moment où les mesures seront employées exactement, on ne pourra plus rien changer au modèle, à moins que de les altérer. Nous voulons dire à cela que si on rentre le bas du côté pour que la taille touche mieux (et c'est l'idée générale), puis, que l'on mesure une deuxième fois, on trouvera que le point de cambrure étant changé, les petit côté, grand côté et courbure ne s'accordent plus; et si l'on rectifie les autres points, on verra que tout est à recommencer, tant il est vrai que le plan du patron est dans les mesures.

Voici quels sont les changements qu'elles peuvent donner comparativement à un tracé fait d'après un modèle quelconque.

POUR LES DOS, la *taille* peut faire monter ou descendre le cran, en admettant que le point O ne change pas; on sait que les tailles longues se comptent à part. La *carrure* fait changer la largeur du dos; mais sa position ne se diminue qu'avec le *montant*; or, celui-ci fait monter ou descendre la carrure, mais ne fait pas changer sa largeur.

POUR LES DEVANTS, la *cambrure* peut faire changer le point de la hanche, et la *ceinture* celui du bas du devant; toutefois, le bas du côté est le point de départ, et on le gradue selon la force de la ceinture, c'est-à-dire que, en plaçant le dos contre le côté, il faut voir si la ceinture est assez large, lorsque le bas de corsage est tracé sur la proportion ordinaire; puis, s'il était trop étroit, on l'élargirait moitié par chaque côté; s'il était trop large, on ne le rétrécirait que par devant. C'est là le principe, mais il y a encore des calculs dont nous parlerons plus loin; disons seulement que les *cambrure* et *ceinture* font changer le bas du côté, le point de la hanche et le bas du revers.

Le *buste* fait monter ou descendre le point de cambrure; et rarement nous raccourcissons l'épaulette en faisant le tracé des patrons, bien que cela revienne au même que de remonter l'emmanchure, et de raccourcir le devant sur tout le tour de la ceinture.

Le *petit côté* fait monter ou descendre l'emmanchure.

Le *grand côté* fait monter, descendre, rentrer ou ressortir le côté.

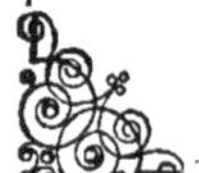
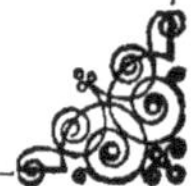

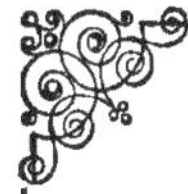

La *courbure* fait monter ou descendre le dos, rétrécit ou élargit la couture du côté; par conséquent, ce n'est que quand la courbure a été employée que la pointe du côté prend une position fixe, consistant à tourner le dos jusqu'à ce qu'il s'accorde avec le devant.

L'*avancement* fait changer la position du devant de l'emmanchure, quand toutefois le point de construction n'est pas en rapport avec la mesure donnée; mais il ne fait pas changer le côté qui est déjà réglé par la ceinture.

Le *sous-bras* fait changer la largeur de la poitrine, et ne peut pas non plus faire changer le côté; autrement dit, cette mesure ne sert qu'à reconnaître le numéro de l'échelle; mais, par le fait, l'avancement et la poitrine donnent la grosseur de l'homme.

L'*épaulette* fait changer l'emmanchure ou l'encolure.

Le *tour d'épaule*, à bien prendre, ne peut faire changer que la pointe de l'épaulette, car les devant, dessous et côté d'emmanchure sont déterminés par d'autres chiffres; et quand, par exemple, elle est trop petite, on ne peut ajouter de l'étoffe qu'à la pointe de l'épaulette; mais cette opération est presque toujours fausse, et il vaut beaucoup mieux faire prêter l'emmanchure jusqu'à ce qu'elle arrive à la grandeur voulue.

Le *devant* ne peut faire changer que le bas du revers, parce que c'est le buste qui règle la longueur de l'épaulette.

Le *revers* fait changer le devant de l'encolure.

La *poitrine* fait changer le haut du devant, mais elle ne doit pas déranger l'emmanchure, parce que l'avancement a déjà été employé.

Le *collet* fait changer la grandeur de l'encolure, et désigne s'il faut la tendre ou la soutenir; mais, pour cette question, il y a plusieurs détails relatifs à la confection, que nous examinerons plus tard.

Enfin, puisque nous en sommes sur les changements que les mesures peuvent produire, il y a entre toutes les variations un changement plus fréquent que les autres; il se rapporte aux encolures qui redressent en comparaison du patron proportionné:

1° Pour les hommes voûtés, parce que le cou penche en avant.

2° Pour les épaules hautes, parce que l'emmanchure est en proportion plus longue que l'encolure.

3° Pour les épaules fortes, parce que l'emmanchure s'ouvre par devant, et que par cet effet l'encolure devient renversée.

4° Pour les hommes gros à la ceinture, parce que le seul élargissement fait au bas du côté est cause qu'il faut rentrer le haut, ouvrir l'emmanchure, et redresser l'épaulette.

Emploi des mesures de supplément.

A présent nous allons examiner l'emploi des mesures de supplément indiquées sur la figure 11 (toujours planche n° 4).

La *hauteur d'épaule* A—B fixe le milieu du dessus de l'épaule.

La *suite de la hauteur d'épaule* B—C sert à contrôler le tour d'épaule, en déduisant la tension pour l'un comme pour l'autre.

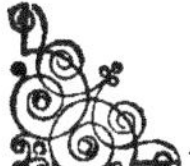
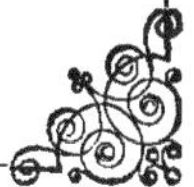

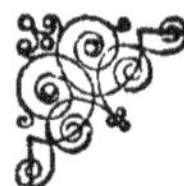
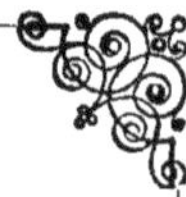

Le *revers oblique* C—D détermine exactement la hauteur de l'encolure, et comme cette mesure reste à sa longueur quand l'habit est terminé, elle donne un point d'appui certain, pourvu qu'elle soit bien prise.

La *double poitrine* sert à fixer la largeur comprise entre D—B, et donne par conséquent le redressement de l'épaulette.

Le *double montant* placé entre les points B—E sert à contrôler le redressement de l'encolure; et si l'on y ajoute l'épaulette placée entre B—F, on trouvera que l'encolure s'ouvre ou se ferme suivant le rapport de ces trois mesures.

Le *creux des reins*, passant par E—G—H, sert à contrôler le rentrage du côté, et presque toujours il se trouve exact lorsque le patron a été bien vérifié.

La *pointe du côté* H—J sert à contrôler le grand côté, et indique la quantité d'embu qu'il faut donner au dos dans la partie qui correspond à l'omoplate.

Tracé sur mesures.

Nous allons maintenant nous occuper d'un travail qui doit donner la solution complète du moyen le plus abrégé qui existe pour tracer les patrons, de manière à ce qu'ils se trouvent de suite en rapport avec les mesures, et qu'il n'y ait presque pas de corrections à faire lorsqu'on les vérifie. Mais, pour cela, il faudrait bien comprendre les trois opérations qui précèdent ce travail, et que nous expliquons de la manière suivante :

1° Lorsque l'on commence à tracer des patrons d'après notre méthode, on les fait avec l'échelle, sans s'inquiéter de la forme qu'ils auront, puis on les corrige avec les mesures.

2° Quand on en a tracé plusieurs, on s'aperçoit que les mesures donnent toujours de certains changements, provenant de ce que le patron n'est pas du genre demandé; puis, en évaluant les mesures, on trouvera qu'on aurait dû prendre le patron répondant à la structure de l'homme.

3° Quand on a retracé ce patron, on trouve encore quelques changements à faire, principalement sur les longueurs; cela démontre qu'il doit y avoir un moyen pour choisir le modèle.

Pour résumer ceci de la manière la plus simple, nous dirions :

1° Le sous-bras à 48 désigne l'échelle n° 48 (ou les centimètres, puisque c'est la même chose); or, il faut que le tracé soit fait par centimètres.

2° La taille 46, la courbure 50, le buste 56, désignent un homme droit; donc il faut prendre le patron d'un homme de cette structure.

3° La taille 46, la carrure 19, le petit côté 24, le buste 56, l'avancement 33, le sous-bras 48, la ceinture 40, sont sept mesures, dont trois longueurs et quatre largeurs, qui doivent servir à choisir le patron. Ces mesures n'ont pas besoin d'être comparées sur l'échelle, puisque

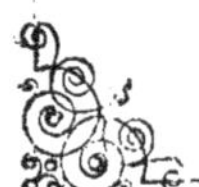

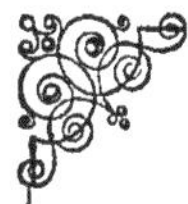
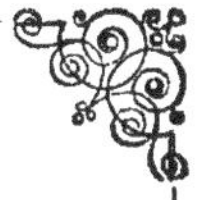

le sous-bras est à 48; par conséquent elles se comparent directement avec les figures 1 et 2.

On trouve au bas de la taille 47 pour 46, puisqu'il faut 1 centimètre de plus; à la carrure, 19 pour 19; au petit côté, 24, parce qu'il y a un intervalle de 24 entre les points 26—50. Pour le buste, on trouve 56, parce que sur la longueur 50 il manque 6 pour l'encolure du dos. On trouve que l'avancement vaut 33, parce que 17 d'ouverture d'emmanchure et 19 de carrure valent 36, sur quoi il y a 3 centimètres à déduire pour le rentrage du crochet. On ne trouve pas de chiffre qui représente la grosseur, mais on sait qu'avec 41 sur la ligne 26, il y a 6 centimètres de plus que le sous-bras. La largeur de ceinture 40 est représentée par le 39 placé au bas du devant.

Ainsi, l'on comprend bien que dans les tracés marqués par chiffres, il y a une partie des numéros qui ne sont pas autre chose que les mesures de ces mêmes patrons; et ceci nous démontre qu'il faut des moyens divers pour choisir ou assortir un modèle à la structure de l'homme. En voici le détail :

Lorsque l'on doit tracer un patron avec l'échelle de proportion (et cela a lieu toutes les fois que le sous-bras n'est pas de 48 centimètres), il faut, au lieu de faire une comparaison directe comme la précédente, traduire d'abord les mesures de l'homme sur l'échelle désignée par sa demi-grosseur.

Supposons, pour cela, qu'un homme a donné : pour *taille*, 45; *carrure*, 20; *petit côté*, 25; *buste*, 55; *avancement*, 31; *sous-bras*, 44; *ceinture*, 34; l'évaluation appliquée à ces mesures indiquera nécessairement un homme *élancé*, parce que la taille est plus longue que le sous-bras; *droit*, parce qu'il y a 10 centimètres de plus au buste qu'à la taille; *large des épaules*, parce que la carrure à 20 répond à une demi-grosseur de 50 centimètres; *mince à la ceinture*, parce qu'elle vaut 10 centimètres de moins que le sous-bras.

Ainsi, le seul modèle que l'on puisse choisir, est celui de l'homme élancé, dessiné sur la planche n° 1, à laquelle nous vous prions de retourner un instant, pour remarquer qu'en traduisant les sept mesures sur l'échelle n° 44, elles donneront les rapports suivants :

46	centimètres	de taille,	égalent	50 points d'échelle.
20	—	de carrure,	—	21 1/2.
25	—	de petit côté,	—	27
55	—	de buste,	—	60
31	—	d'avancement,	—	34
44	—	pour sous-bras,	—	48
34	—	pour ceinture,	—	37

Or, si vous comparez ces points d'échelle, résultant des mesures traduites, avec les points de construction des dos et devant de l'homme élancé, vous trouverez que la taille marque 51, et qu'il ne faut que 50 points; que la carrure marque 20, et qu'il faut 21 1/2; que le point 54, qui mène au défaut de la hanche, est d'accord avec le buste, parce que sur 60 il y a 6 à retrancher pour l'encolure du dos; que le

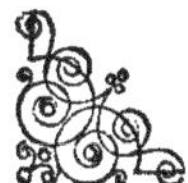
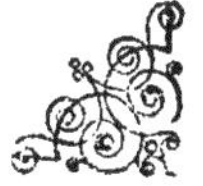

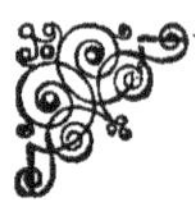
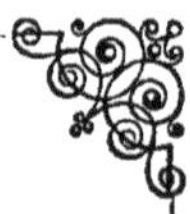

petit côté du patron vaut 26, parce que l'intervalle compris entre 28—54 est en effet de 26; et comme le petit côté de la mesure traduite vaut 27, il faudra donc remonter le dessous de l'emmanchure.

Le point d'avancement 16, compté avec la carrure 20, forme un total de 36, sur quoi il faut déduire le crochet qui est de 4, reste 32 pour le patron, tandis que la mesure en contient 34; mais comme la carrure élargit, le point d'avancement ne se trouve pas dérangé. Le point 38, qui est au bas du devant, répond à peu près à la proportion de la ceinture.

En somme, il n'y aurait pas de grands changements à faire. Cependant, prenons-les pour prétexte, et disons que ces changements peuvent s'envisager de quatre manières différentes :

1° On peut tracer le patron tel qu'il est, et le vérifier avec les mesures, comme il a été dit plus haut.

2° Ayant prévu les changements, on peut les faire en traçant, comme de mettre la taille à 30 points, puisque c'est la proportion voulue.

3° Ayant beaucoup de changements à faire, et sachant les points de construction que les mesures produisent, on peut dresser le plan du tracé avant de l'exécuter, et de cette façon on copie le guide que l'on s'est fait soi-même.

4° Sachant qu'il y a certaines mesures qui donnent souvent des changements, on en conclura que ces mesures peuvent se comparer ou s'appliquer de suite; et c'est ce que nous allons démontrer, mais en généralisant l'application, car il faut toujours marquer les points de détail avec l'échelle, en les copiant sur le modèle qui se rapproche le plus du genre que l'on veut faire.

On remarquera donc que le tableau placé au milieu de la planche n° 4 explique une manière de tracer qui se fait avec les principales mesures. On trouve sur le côté gauche des notes de renvoi qui peuvent servir pour l'étude journalière, en remarquant seulement à quelles figures elles s'appliquent.

Le résultat de ceci est que l'on arrive à une application immédiate des mesures les plus essentielles, et qui donnent toujours le plus de changements quand on ne sait pas bien choisir ou composer les patrons.

Ainsi, pour le DOS *figure* 7, il est indispensable de marquer la profondeur du cran, afin de ne pas rapporter la basque. Les lettres A—B désignent la place de la longueur de taille qui se marque toujours par centimètres, se met à 1 de plus, comme il a été convenu, et s'évalue par échelle de proportion pour voir si, comparativement au patron proportionné, elle allonge ou raccourcit. Les lettres C—D désignent la place de la carrure dont la hauteur est fixée par la proportion 16. Cette hauteur est variable, et descend jusqu'à 18 quand les tailles sont longues, ou monte jusqu'au 14 pour les épaules hautes. On admet aussi que la position de la carrure vaut le tiers plus un de la longueur de taille, ou bien les deux tiers du montant. Enfin l'emploi du montant lui-même sert toujours à trouver le point définitif. L'espace A—E est de 6 points, D—F est de 3, et B—G est de 6 comme l'encolure.

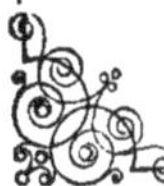
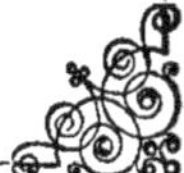

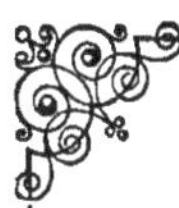
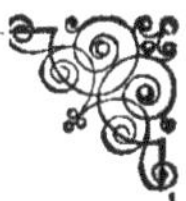

Cette pièce étant facile à comprendre, on n'a pas mis de lignes en dehors; mais pour le DEVANT, *figure* 8, on a ajouté 4 lignes qui indiquent la place de chaque distance, afin de faire comprendre la place où chacune d'elles s'intercale dans la première ligne de construction.

Les lettres A—B désignent la longueur du buste moins 6 pour l'encolure du dos qu'on laisse dépasser au-dessus du point A. Les lettres B—C représentent un espace de 4 points d'échelle qui indique l'endroit où se place le cran du dos quand la taille est ronde, c'est-à-dire au niveau des hanches.

Les lettres B- D désignent la place du petit côté, qui se pose dans cet intervalle sans exception. Les lettres B—E désignent la place du grand côté, qui, à cause de sa position plus oblique, se met à 1 ou 2 centimètres de moins que la mesure. Il y aurait pour ce dernier intervalle beaucoup de calculs à faire pour être précis, ce serait de compter d'abord la différence qu'il a avec le petit côté, puis le rapport de la cambrure avec la ceinture, voir ensuite s'il faudra rentrer ou ressortir le haut du côté, etc. Toujours est-il qu'en employant de suite les trois principales longueurs par centimètres, conformément aux mesures prises, les patrons se trouvent de suite en rapport, et s'il y a quelques erreurs, elles se rectifient par l'emploi des mesures, qui se fait toujours de la manière précédemment décrite.

Le tracé s'achève avec un modèle, et il est entendu qu'après avoir marqué les quatre principaux points, on les compare sur l'échelle, en notant ce que valent les pointes du côté, profondeur d'emmanchure, ligne de hanche, etc., afin de savoir si l'emmanchure est haute ou basse et si le corsage est long ou court.

Il reste à remarquer que la distance C—F varie selon les ceintures comparées sur les échelles, et que les proportions générales sont portées à la droite du tableau. Ainsi, pour toutes les ceintures depuis 32 jusqu'à 40, comparativement à 48 de sous-bras, le rentrage des côtés est toujours de 8 pour les tailles de dos à 6 de largeur; puis il y a décroissement de 7 pour 42, 6 pour 44, 5 pour 46, 4 pour 48 (s'entend pour ceinture égale au sous-bras); 3 pour 50, 2 pour 52, 1 pour 54, et enfin 0 pour 56, qui est déjà pour un homme très-gros de ceinture, puisque ce chiffre représente 8 centimètres de plus que la grosseur de poitrine. Il y a des exemples de ces gradations sur les 6 premiers corsages de la planche n° 2.

Lorsque les tailles sont plus étroites on devra tenir le devant plus large de la même valeur, et l'on en a un exemple dans la troisième colonne du tableau qui est le calcul du rentrage des côtés appliqué aux uniformes dans lesquels le dos a seulement 4 centimètres de largeur.

Il est entendu que le bas des devants varie en raison des ceintures; que pour celles qui sont minces, le chiffre excède parce qu'il faut des pinces dans les devants; que pour les ceintures fortes le chiffre est moindre, parce que les côtés sont élargis. Or, il n'y a que la ceinture à 40 qui soit représentée sur le patron. Celle qui est à 42 est représen-

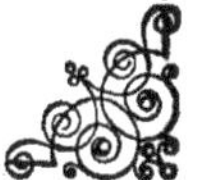

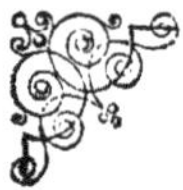
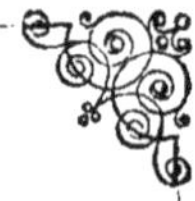

tée par 41. Celle qui est à 44 est représentée par 42, etc. Cette gradation est du reste calculée sur la planche n° 2.

Les figures 9 et 10 sont aussi un exemple du changement de rentrage des côtés par rapport aux ceintures minces ou fortes.

La figure 9 renferme le rentrage 8 qui s'applique à toutes les ceintures au-dessous de 40. Le rentrage 4 de la figure 10 est pour toutes les ceintures égales au sous-bras.

ÉVALUATIONS. — La figure 12 présente quelques évaluations qui ne sont néanmoins que le résultat des mesures; ainsi, en prenant le point de cambrure pour centre, on trouve que la courbure est un rayon qui conduit à l'épaulette, soit que l'on décrive un arc de cercle, soit que l'on transporte la mesure d'un point à l'autre. Nous disons que c'est le résultat des mesures, car si la courbure est à 50, le buste à 56, et que l'on ôte 6 à ce dernier pour l'encolure du dos, il est clair que les distances A—B et A—C seront égales. On compte aussi que la distance B—C vaut 3 centimètres de plus que le sous-bras; cet écart est commun à toutes les tailles proportionnées. On évalue encore que la distance, depuis le haut du dos jusqu'au milieu du dessous de l'emmanchure, est la même entre D—E qu'entre D—B, à l'exception que cette dernière diminue quand on referme le haut du côté.

Ces évaluations ne doivent pas, néanmoins, devenir une règle générale, parce que les mesures donnent souvent des calculs tout opposés. La principale remarque de cette figure 12 est de rappeler que le sous-bras est la mesure qui désigne l'échelle de proportions dont il faut se servir pour agrandir ou diminuer les modèles.

Changements produits par la mode.

Les figures 13 et 14 indiquent les changements à faire pour les tailles longues. On sait que toutes les mesures se prennent au défaut de la hanche, que tous les allongements comptent à part, et qu'il faut prendre une cambrure oblique pour déterminer le renvoi du côté.

Ceci nécessite de nouvelles observations qui rentrent dans le domaine de la mode, et là encore nous disons qu'il n'y a pas de mode, si élégante ou si bizarre qu'elle fût, qui ne puisse s'expliquer par des chiffres et se réduire en points d'échelle.

Or, pour ce qui est des tailles longues, tout le monde comprend que les hommes sont plus gros sur les hanches qu'à la ceinture, que du moment où les coutures sont au-dessous de la partie la plus étroite il faut qu'elles s'évasent pour que le corsage se développe et ne remonte pas; on doit donc compter à part ce qu'il faut ajouter, tant au milieu de la taille que sur les côtés, et prendre, comme on a déjà dit, une cambrure oblique partant du point qui marque l'allongement de la taille, au point où s'arrêtent toutes les mesures de structure. Ensuite, en traçant le bas du dos figure 13, rompre l'allongement, c'est-à-dire qu'au lieu de prolonger la couture du dos en ligne droite, on la retourne de façon à ce qu'elle soit parallèle au bord de l'étoffe.

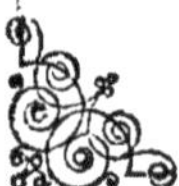
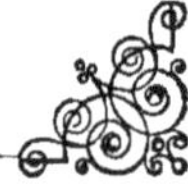

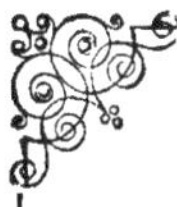
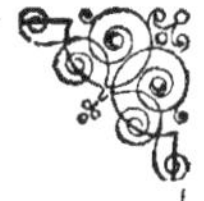

Pour apprêter le côté il faut placer le dos contre le devant, de façon à ce qu'il pose à plat, comme pour le mesurage ordinaire ; puis vérifier les cambrure, ceinture, buste, petit côté, grand côté et courbure, comme si la taille n'était pas allongée.

Ensuite pour élargir la partie qui couvre les hanches, il faut d'abord compter que la couture étant plus bas, la place où l'on pose la cambrure ne prête plus, et que, par conséquent, on devra élargir le bas du côté de 1 centimètre (compris entre les points 7—8), afin que cela remplace le prêtage. C'est comme si en premier on mettait la cambrure à mesure égale; mais en y comprenant un *renvoi* qui se prolonge jusqu'à ce que le côté soit assez long pour s'accorder avec le dos.

Ce renvoi doit à son tour se vérifier avec la cambrure oblique, passant par 16—62. Faute d'avoir pris cette mesure, on peut compter que pour des tailles allongées à 8, si la ligne 16—54 vaut 16 centimètres, la ligne 16—62 en vaudra 20.

Pour rapporter le côté, nous préférons que l'on suppose un gousset ajouté entre les points 16—19 et 16—15 (mais seulement au papier), et quand le côté est apprêté, on sépare les pièces pour les placer sur le drap. Ce principe est préférable parce que le patron conserve sa forme, et nous voyons souvent que pour rapporter le côté on enlève de l'étoffe entre les deux pièces, sans remarquer que cela déforme l'emmanchure; on peut le faire, mais on doit alors vérifier les mesures une deuxième fois.

L'évasement donné par le côté ne suffit pas pour la saillie de la hanche; il arrive même que le jeu produit par les crochets ne sert presque à rien, quand le côté est trop en arrière; ainsi il faut souvent une pince en long dans le devant, moins pour l'effet de la poitrine que pour la saillie de la hanche; cette pince sera donc éloignée du bord du devant et placée à peu près à 24 centimètres de distance de la couture du dos.

Les pinces pratiquées sur les bords des devants sont souvent nécessaires; il en faut une ou deux, suivant comme le revers a besoin d'être serré, et suivant aussi le genre du vêtement. On sait que cela est indiqué par les mesures nommées : devant, revers, revers oblique et largeur de poitrine.

Pour un paletot ou une redingote le bas des devants doit se couper en renvoi, c'est-à-dire parallèle à la ligne de construction au-dessous de la taille, afin qu'il ait assez de largeur pour boutonner et ne fasse pas ouvrir la basque.

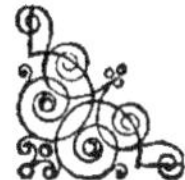
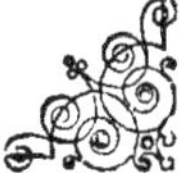

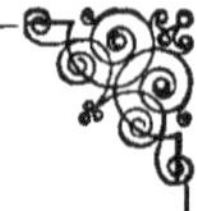

CINQUIÈME CHAPITRE.

CONFECTION ET TRACÉ DES PIÈCES DE DÉTAIL DES HABITS ET REDINGOTES. — CABANS. — UNIFORMES. — NOUVEAU RÈGLEMENT POUR L'UNIFORME.

(*Voir la planche n° 3.*)

Confection et tracé des pièces de détail des habits et redingotes.

Cet ouvrage étant écrit pour des personnes qui connaissent déjà l'habillement, nous nous dispenserons d'entrer dans une infinité de détails dont nous supposons que nos lecteurs ont connaissance, comme de savoir que telle ou telle pièce est pour le dessus ou la doublure, ou bien encore que telle partie s'assemble avec telle autre; et, nous le répétons, cet ouvrage n'est destiné qu'à des tailleurs.

Les articles composant ce chapitre contiennent diverses observations appliquées à une ou plusieurs pièces en même temps, et se détaillent de la manière suivante : La *figure* 1re est un devant d'habit ou de redingote qui contient les points de construction du patron proportionné. Il est répété de nouveau, afin de servir d'indication pour les remarques sur l'apprêt des revers, collet, plis de renversement, etc.

Il faut pour ajuster le COLLET que l'attachement touche à plat contre l'encolure, depuis le cran jusqu'à la moitié de sa longueur, puis qu'il dépasse en dessous de façon à ce que le point 22 recroise de 3 à 4 centimètres sur le pied du collet; il doit ressortir de 8 centimètres en dehors de l'épaulette, tant pour la place du dos que pour l'embu qu'il doit avoir. La partie extérieure d'un collet est une affaire de mode; seulement quand le *tombant* est large, il faut que le bord soit détendu.

Le pli de renversement ou la *cassure* d'un collet change de position suivant la direction que lui donne le revers. Comme proportion moyenne, on place la cassure d'une part sur le point 40, de l'autre sur le point 23 (à 1 centimètre en dehors de l'épaulette), ou bien on porte un point à 3 centimètres en dehors de l'encolure, et la cassure se fait d'abord en ligne droite, puis il faut l'arrondir un peu sur le derrière du collet. Pour les devants qui boutonnent jusqu'en haut le collet doit être plus droit à l'attachement, et la cassure se compte seulement à partir du cran. Pour les devants qui renversent beaucoup le pli du châle se fait en ligne arrondie et vient tomber au point 39, si le revers retourne

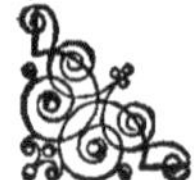

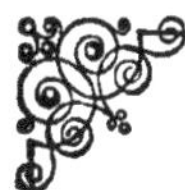
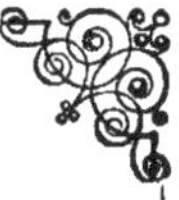

jusqu'en bas; pour ce dernier genre les plis ne se fixent pas et se font à *cassure roulante.*

Le REVERS se coupe droit du côté de l'attachement, et quand le devant est abattu (comme sur les points 35—39), le revers doit se couper en creux; car sans cela, se trouvant trop serré, il fait remonter le devant, qui alors tire sur le haut de la basque.

La valeur du serrage du devant doit être démontrée par les mesures, et il se fait en mettant de l'embu ou des pinces.

Comme principales notions sur la CONFECTION, il y a toujours dans un corsage trois parties qui doivent être tendues : d'abord l'épaulette, parce que cela évite les plis qui se forment naturellement sur les épaules par le mouvement continuel des bras; ensuite l'emmanchure, dans la partie qui contient l'embu de la manche, parce que la plupart des hommes sont creux au défaut des épaules, et que si l'emmanchure n'est pas détendue, elle gênera faute d'élasticité; après cela le bas du côté doit être tendu pour détruire la largeur qui survient au-dessus de la taille; et puis il faut remarquer que la cambrure de l'homme exige un certain évasement, parce que si le dos pose à plat contre le côté, et que celui-ci n'ait pas de tendage en bas, cela formera nécessairement un corsage tout droit.

La *figure* 2 est une BASQUE DE DOS pour habit ou redingote. Cette pièce se coupe souvent à la vue; mais cependant il y a un rapport à établir entre la largeur du haut et celle du bas, qui est de compter trois fois la taille, ce qui fait 18 pour un dos à 6, sur quoi il faut prendre les remplis d'un côté et la profondeur du pli de l'autre. Si l'on fait la basque moins large, il faut donner plus d'ampleur à celle du devant, ou bien diminuer la profondeur du cran, car si la taille n'est pas rapportée, que le cran soit profond et la basque étroite en bas, les deux parties se recroiseront l'une sur l'autre et résisteront sur le côté du pli. Par cette raison, le cran du dos peut se faire à 3, 4, 5 ou 6 centimètres, suivant la largeur de la basque.

La *figure* 3 est une MANCHE qui indique l'emploi des mesures dont nous n'avons pas encore parlé. Son tracé se fait d'abord par échelle avec les points de construction qui sont désignés; puis, pour mettre cette manche à la mesure, on procède dans l'ordre suivant :

1° On laisse dépasser la carrure en dehors du talon ; puis on applique la *longueur du coude* sur la ligne 3—36. On continue la longueur entière en déduisant la marge ou l'étoffe que l'on ôte pour le rempli du parement.

2° On place la *moitié du tour d'épaule* entre les points 3—20. Cette largeur, prise sur le dessus du bras depuis le talon de la manche jusqu'à la couture du devant, a démontré que cette partie est presque toujours égale à la moitié du tour d'épaule. Le dessous est moins large et se rentre par derrière ou par devant, ou bien des deux côtés. Pour qu'une manche ne gêne pas, et surtout pour qu'elle ne fasse pas plisser le haut du côté, il faut qu'elle soit soutenue dans le montage depuis le crochet jusqu'au milieu du dessous de l'emmanchure.

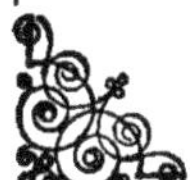

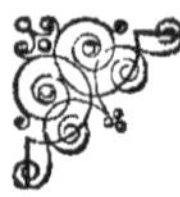
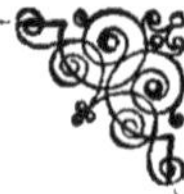

3° La *largeur du coude* se place en travers de la manche avec 1 centimètre de plus que la mesure pour la perte des coutures.

4° La largeur du *poignet* se place sur la piqûre du parement.

Les mesures peuvent faire changer une partie des points de construction de la manche; quand elle allonge, elle peut devenir trop droite; quand elle raccourcit, elle peut devenir trop cambrée; cependant il est préférable que le coude soit un peu saillant, parce que le bras a ses mouvements plus libres. Quand le dessous d'une manche est fortement rentré par derrière, cela change la position de la couture, et rend le dessus plus long par devant; on peut donc descendre le point 10 à 11 si d'avance on sait que le dessous sera rentré sur le côté du talon.

La *figure* 4 est une BASQUE D'HABIT servant pour plusieurs genres. On remarquera d'abord que cette pièce est tout à fait séparée du corsage. Son aplomb dépend de la structure de l'homme; car pour celui qui se renverse il faudrait que la basque se jetât en arrière; pour l'homme qui se courbe il faudrait qu'elle s'aplatît; mais on ne compte pas ces changements, parce qu'ils doivent être faits au corsage. Ainsi les basques conservent à peu près les mêmes dimensions pour toutes les structures, et ne changent que suivant la mode. Pour qu'elles drapent librement, l'attachement doit être plus abattu que si elles étaient plates, et la proportion moyenne est que la couture de la taille penche de 8 centimètres. Nous disons donc que pour tracer une basque on forme d'abord le pli, puis on prend le devant pour déterminer la largeur du haut (soit la ligne 6—42), en tenant la basque plus large de ce que les pinces emportent, et de l'excédant de largeur qu'il faut laisser par précaution. Aussi en l'ajustant sur le corsage il peut se faire qu'au lieu de 42 il faille 46 ou 50, suivant la grosseur de l'homme. Par conséquent, la pente de l'attachement diminue à mesure que l'on élargit, mais aussi les hanches sont moins fortes et l'aplomb est le même. Pour ce qui est de l'extérieur des basques, c'est une affaire de mode; tantôt on compte le bas à largeur égale avec le haut, tantôt on ne le met qu'aux deux tiers.

La *figure* 5 est une BASQUE DE REDINGOTE dont le tracé, pris au terme moyen, contient 16 centimètres d'abattage par devant. Sur ce point se trouve une largeur de 0—4 qui est pour le rempli, 4—9 pour la place de l'anglaise; puis pour obtenir la largeur du haut on place la ceinture par les points 9—44; on tire une ligne droite d'abord, puis on établit une ligne courbe qui passe à 3 ou 4 centimètres de distance de la ligne droite en comptant sur son milieu.

Pour augmenter l'ampleur, on peut remonter le haut du pli à 4 au-dessus; pour la diminuer on peut descendre à 4 au-dessous, et de cette façon on aurait les abattages du devant à 12, 16, 20. Pour augmenter la largeur, on peut suivre la ligne 0—44 et ajouter 10 de plus si la ceinture est de 10 centimètres plus forte; dans ce cas l'ampleur diminue sensiblement, parce que le pli a moins de jeu. Il y a aussi pour les tailles longues des changements que l'on retrouvera sur la planche n° 7.

Pour trouver la direction des plis, on a ajouté un haut de basque,

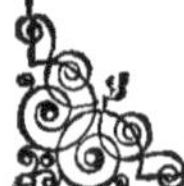
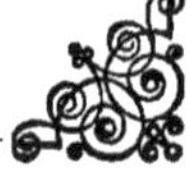

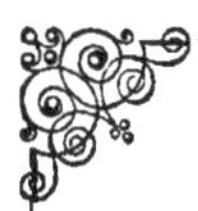
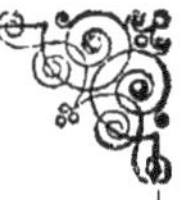

fig. 5 *bis*, qui explique qu'après avoir tracé les points qui ont été désignés, il faut supposer une partie droite dans un intervalle de 5 centimètres, entre A—B, puis, prenant le point A pour centre, élever une perpendiculaire par A—C, et compter que si l'on faisait le pli sur cette ligne il n'aurait pas assez d'ampleur; ainsi, pour en changer la direction, il faut ajouter entre les points C—E un espace de 2 centimètres, et cela donnera la ligne du pli, qui peut ensuite être arrondie à partir d'une certaine distance. Cette opération est la même que si du point A on décrivait un arc de cercle d'un rayon de 5 centimètres, et que l'on mesure l'obliquité du pli par degrés.

L'ampleur des basques peut augmenter à l'infini. La basque de tunique, par exemple, se fait sur trois formes qui sont : le pli en travers, pli en plein biais, comme un manteau plat, pli en long et à contrepoil comme pour un manteau rond.

Cabans.

Le caban est un vêtement peu connu, et qui, par parenthèse, semble disgracieux à ceux qui ne sont pas encore familiarisés avec sa forme. C'est du reste un modèle étranger que nous devons adopter tel qu'il est, et qui, s'il n'est pas élégant, a du moins l'avantage d'être très-commode. Le caban est adopté pour remplacer le manteau et la capote des officiers d'infanterie, et deviendra bientôt d'un usage général.

On observera que chacune des pièces que nous allons expliquer est placée sur la planche comme elle doit l'être sur l'étoffe.

La *figure* 6 est une MANCHE ayant une seule couture placée en dessous du bras. Pour en trouver la longueur, on place le ruban sur le côté du cou, on passe sur la tournante de l'épaulette, et l'on descend au poignet, en ayant soin que le bras tombe droit dans une position verticale. Avec des épaulettes le dessus de la manche devient fort long et ne va que pour cette circonstance. Le bas de la manche est très-ample et se règle d'après la largeur du drap.

Nous pouvons remarquer de suite que les pièces de ce vêtement sont posées telles qu'elles se placent sur l'étoffe.

La *figure* 7 est la PIÈCE DU CÔTÉ, sa largeur est de 34 en bas et de 12 en haut, sa longueur dépend de celle du caban.

La *figure* 8 est le DEVANT, son encolure fait à peu près le quart de cercle.

Le côté est tiré en ligne droite depuis le bas jusqu'à la hauteur 31. L'épaulette a beaucoup de jeu sur le côté de l'emmanchure, parce que les épaulettes d'uniformes nécessitent 4 centimètres de longueur de plus sur chaque côté.

La *figure* 9 est le DOS. Son encolure est creusée, parce que la couture est sur le milieu de l'épaule. L'emmanchure est aussi haute que celle de devant, et pour un caban de ville il faudrait retrancher 4 centimètres sur chaque partie, sans toucher au côté de l'encolure. Le dos est droit dans toute sa longueur.

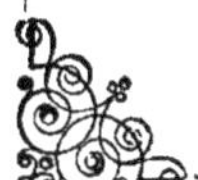
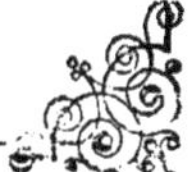

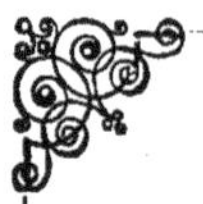

La *figure* 10 est le GOUSSET qui se met dans le côté, entre la manche et la grande pièce. Il y en a deux de chaque côté, l'un pour le devant et l'autre pour le dos.

La *figure* 11 est le COLLET. Son attachement est presque droit. L'ordonnance a supprimé le capuchon, mais il continue à se porter sur les cabans civils. On en trouvera un modèle sur la planche nº 8.

Pour l'ASSEMBLAGE DES PIÈCES il faut que la figure 7 soit d'abord placée entre les côtés du dos et du devant. Ensuite le double gousset, figure 10, tient par en bas à la grande pièce; le côté qui est en ligne droite tient au dos et au devant; la ligne en travers (2—20) tient après la manche. Quant à la manche, elle occupe l'espace compris entre les points 32—31, et s'attache après le gousset, qui lui-même occupe l'espace compris entre les points 31—32, et se trouve au-dessus de la grande pièce du côté, qui occupe le reste de la longueur. La poche ou l'ouverture que l'on fait dans cette pièce est à 10 centimètres au-dessous de la couture d'assemblage.

Les points 8—8—8—8, placés à différentes hauteurs, indiquent la place des olives.

UNIFORMES.

Avec les patrons qui occupent tout le côté droit de la planche on peut composer :

1° Un habit long et à revers comme pour garde national ;

2° Un kourka pour lancier ou chasseur à cheval;

3° Un habit d'artilleur, en prenant la basque figure 20.

4° Une tunique d'infanterie, sauf à varier la basque suivant l'ampleur que l'on voudra lui donner.

Examinons chaque modèle en détail :

La *figure* 12 est un DOS *pour habit ou tunique.*

Pour ce dernier article la largeur de taille à 4 centimètres est prescrite par le règlement. La basque est à 48 centimètres de longueur et a 14 de largeur en bas. La soubise qui est dans le pli doit être calculée de façon à ce que l'espace compris entre les deux pointes soit égal au tiers de la longueur de basque. Le côté du dos est creusé de 2 centimètres sur le tiers de sa longueur.

La *figure* 13 est un COLLET abattu par devant comme se font tous les collets d'uniforme.

La *figure* 14 est un REVERS *ou plastron pour habit.*

Cette pièce doit être coupée plus droite que le bord du devant, parce que celui-ci se redresse lorsqu'il est serré.

La *figure* 15 est un DEVANT *pour habit ou capote à grands revers.* Le revers est posé à plat sur le devant, de façon à avoir la même forme jusqu'au point 40. Ensuite il dépasse en dehors et ressort de 3 centimètres par en bas; il est aussi tenu plus court de 2 centimètres, et revient à longueur égale lorsque le devant est serré.

La *figure* 16 est une BASQUE LONGUE *pour habit de garde national*

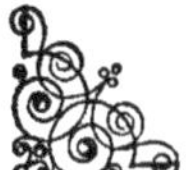

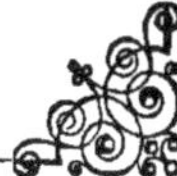

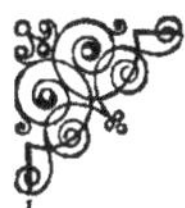
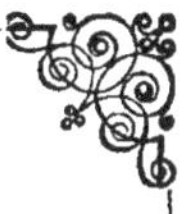

ou de sapeur pompier. Le tour de poche contient la moitié de la longueur de la basque moins 4 centimètres. La couture d'assemblage contient une pince qui sert à former la hanche et retient le bord du retroussis. L'aplomb de cette basque, comparativement à celle d'un habit de ville, semble moins penché, puisque l'abattage n'est que de 4 au lieu de 8; mais il faut compter que le haut est moins large, et si l'on prolongeait la ligne 3—19, on trouverait au contraire qu'il y a plus de pente. Ceci doit être, puisque la partie comprise entre 15 – 19 est serrée.

La basque du dos est contre celle du devant; malgré cela, elle doit se couper à part, et la largeur du haut se règle avec la taille du dos; la largeur du milieu est de 7 à 8 centimètres; celle d'en bas est de 5.

La *figure* 17 est un DEVANT *pour tunique ou capote droite.* Le côté le plus large est pour les boutons, ce qui fait à peu près 5 centimètres de croisure.

Il y a neuf boutonnières dans le devant gauche; celle du bas est dans la couture.

La *figure* 18 est la BASQUE DE LA TUNIQUE. Elle représente trois ampleurs différentes: d'abord la ligne 3—2—2 est le trait de coupe du devant gauche, et la bande qui reste fait partie de l'autre pièce; c'est-à-dire que le pli se déploie pour former la croisure du côté des boutons.

La ligne 3—21—24 est l'échancrure de la basque dont le pli est en travers. Cette échancrure vaut 30 centimètres; on peut la faire prêter de 2 centimètres, et en y ajoutant 4 pour la taille, cela fait un total de 36 pour la ceinture. Ce compte est écrit sur le patron. Quand la ceinture est plus forte, il faut agrandir l'échancrure.

La ligne 3—19—16 est pour une basque dont le pli serait en biais.

La ligne 3—16—10 est l'échancrure d'une basque dont le pli est en travers; seulement la basque du dos est prise à côté de façon que le haut tient entre les points 8—10.

Pour ces trois sortes de basques, l'angle du pli doit avoir la même dimension, et par cette raison il faut prendre pour guide les remarques qui ont été faites pour la figure 5 *bis.*

La *figure* 19 est une BASQUE DE KOURKA *pour chasseur à cheval*; ce modèle est fait d'après un changement récent, et peut se couper plus long.

La *figure* 20 est une BASQUE D'HABIT D'ARTILLEUR, pouvant aussi se faire plus longue tout en conservant les dimensions du tour de poche, qui consistent à mettre la pointe du milieu au tiers, et celle du bas aux deux tiers de la longueur de basque.

La *figure* 21 est une MANCHE contenant les points de construction nécessaires pour la tracer en grand; on y a figuré un parement à pointe et un autre droit avec une patte carrée.

Nouveau règlement pour l'uniforme.

Une partie des modèles d'uniformes que nous venons de citer sont faits d'après les nouveaux règlements adoptés par le ministère de la

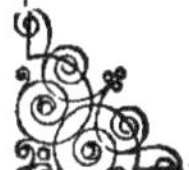

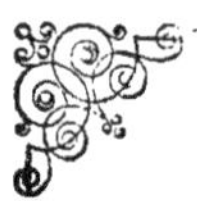
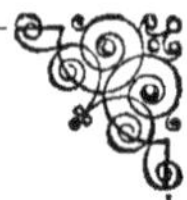

guerre. M. le général Hecquet, auteur de ces règlements, a fait l'application de notre système pour ce qui concerne la reproduction des modèles réduits au dixième, et chiffrés de façon que l'on puisse les reproduire en grandeur naturelle.

Ainsi notre méthode est définitivement adoptée par le gouvernement pour tous les travaux de ce genre. Cependant on n'en a pas bien compris toute l'étendue; car dans une note d'observations relatives au tracé, il est dit que « les mesures du modèle-type doivent nécessairement varier selon les tailles et les grosseurs, et qu'elles doivent conserver entre elles les mêmes rapports, pour que la coupe des effets et leur ajustement sur l'homme présentent toujours le même aspect. » Puis dans un autre paragraphe il est dit que « les patrons-types doivent être tracés avec le mètre légal, à l'exclusion de toute échelle de proportion. »

Donc on reconnaît d'un côté qu'il est nécessaire de changer la grandeur des modèles, et de l'autre on n'admet pas les échelles de proportion pour faire les changements, ce qui serait un contre-sens. Mais cela s'explique par deux raisons : la première, c'est qu'un règlement n'est pas une méthode complète; la deuxième, c'est que l'on ne peut en effet admettre que la mesure légale lorsqu'il s'agit d'un règlement dans lequel les mesures ne doivent être faussées en aucune manière. Sans cela, un tailleur de régiment pourrait dire : « Mes dimensions sont très-exactes, mais elles sont faites d'après telle échelle. »

Et puis les patrons-types n'ont qu'un but : c'est de servir de modèle pour tous les régiments; passé cela, il est de toute nécessité de pouvoir changer les grandeurs.

L'on sait qu'un seul modèle peut aller à plusieurs tailles en le graduant suivant la grosseur de l'homme; mais comme les mesures de plusieurs hommes, au lieu de conserver leurs rapports entre elles, donnent souvent des contrastes très-grands, il en résulte qu'un seul type n'est pas suffisant. Le moins que l'on puisse faire, c'est de couper sur trois tailles; et dans ce cas, la plus forte est d'un genre gros et trapu; la moyenne est d'un genre proportionné; la troisième est d'un genre élancé. Il faudrait donc au moins trois types différents auxquels on appliquerait le même règlement.

Nous n'en sommes pas d'ailleurs à manquer de modèles, attendu que la différence d'un corsage d'habit de ville à un uniforme n'est guère que dans l'encolure; or, on peut appliquer ce changement à tous les modèles qui sont sur les planches n°s 1 et 2 de cet ouvrage, et ils deviendront applicables à l'armée.

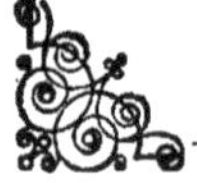

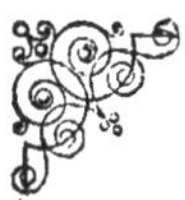
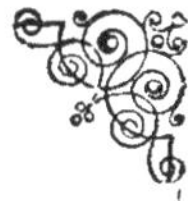

SIXIÈME CHAPITRE.

AMAZONES. — MÉTHODE DES GILETS. — RAPPORT DU GILET A L'HABIT. — TRACÉ DU GILET. — MESURAGE. — EMPLOI DES MESURES. — TRACÉ FAIT AVEC LES MESURES. — VARIATION DE L'APLOMB DES GILETS.

(*Voir la planche n° 6.*)

Amazones.

Les robes dites amazones sont une spécialité de peu d'importance en comparaison des travaux que le tailleur entreprend. Les plus fortes maisons n'en font qu'un très-petit nombre dans le courant d'une année, et un long travail sur cet article deviendrait inutile pour la plupart de nos lecteurs.

Ainsi nous nous en tiendrons à dire que pour les amazones, les robes et les corsets, les éléments pour l'étude comme pour la pratique sont les mêmes que pour l'habillement d'homme; par conséquent, la méthode est contenue toute entière dans les chapitres précédents, et en voici le résumé : Pour les amazones, il faut avoir :

1° Le patron d'une taille bien faite; appliquer à ce modèle les lignes et les chiffres qui servent à désigner sa construction, puis le reprendre pour exemple quand on veut le tracer.

2° Il faut aussi chercher quelle est la variation des structures, et l'on trouve souvent des femmes d'une structure élancée, d'autres fois elles sont fortes et ont le buste court; par conséquent, le patron d'une taille bien construite est sujet à changer de différentes manières.

3° Ayant un ou plusieurs modèles, on peut aussi changer leur grandeur avec les échelles de proportions.

4° Pour vérifier les modèles, il faut d'abord que l'on prenne les mesures dans le même ordre que pour les habits, sauf quelques points qui se déterminent avec des mesures dont nous parlerons plus loin; ensuite, employer les mesures, en suivant la marche que l'on a indiquée dans le quatrième chapitre.

Le tracé d'un modèle amazone se fait de la même manière que tout autre patron; il s'exécute communément par centimètres, et nous ne nous servons d'échelles de proportions que pour des tailles très-petites

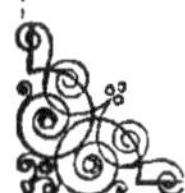
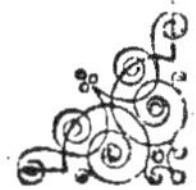

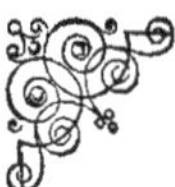
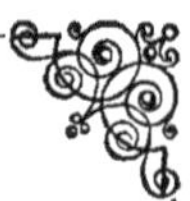

ou très-fortes. Dans les tailles moyennes, il y a beaucoup de mesures qui se ressemblent, et qui par conséquent ne produisent de changements que dans certaines parties.

La principale mesure, pour les patrons qui sont sur la planche, est de 44 centimètres de demi-grosseur sous les bras. Or, pour réduire ou agrandir ces patrons, il faut que l'échelle de proportions se trouve divisée en 44 parties, et il n'est pas nécessaire d'avoir des échelles faites exprès pour les amazones, par la raison que l'on peut utiliser les échelles ordinaires en comptant que pour une femme dont le sous-bras est de 44, on prend l'échelle n° 48, ou les centimètres; pour sous-bras 42, c'est l'échelle n° 46; pour sous-bras 40, c'est l'échelle n° 44, etc., etc.

La *figure* 1re est le DOS. Sa basque tient après la taille; mais d'habitude on la coupe séparément, ce qui fait que le milieu du dos peut être à droit fil et même sans couture.

La *figure* 2 est le DEVANT, dont le côté peut se rapporter et se placer sur l'étoffe, de façon que la couture du côté soit en biais. Le devant n'a qu'une pince, parce que cela fait mieux pour la poitrine; cette pince ouvre à la hauteur de la ceinture d'une valeur égale à la moitié de la différence qu'il y a entre le sous-bras et la ceinture; nous voulons dire que de 44 à 28 la différence est 16, et que l'ouverture de la pince est de 8. Pour essayer, il faut laisser un rempli sur le bord des devants, et s'ils se trouvent trop longs sur le milieu, on ressort les remplis par en bas et on force la pince.

La *figure* 4 est une BASQUE qui doit avoir beaucoup de jeu, et dont l'échancrure se trace à peu près en quart de cercle.

La *figure* 5 est une MANCHE à deux coutures qui a peu de hauteur sur le dessus du bras, parce que les épaulettes sont larges.

La *figure* 6 est le modèle de la JUPE, réduite au vingtième de sa grandeur naturelle. Elle est composée de deux largeurs entières de drap assemblées par une couture de chaque côté. Le devant est busqué de 10 centimètres par en haut, et cet abattage se prolonge plus ou moins loin selon la force des hanches. Cette jupe, comparativement à celle d'une robe, est allongée de 40 centimètres par devant, 55 sur le côté, et 60 sur le dos. Pour la monter à part du corsage, on fait des grosses fronces sur la partie qui est en arrière, et des plis plats sur tout le reste de la ceinture. Le montage se fait sur un large ruban qui sert de ceinture et s'agrafe par derrière.

La *figure* 3 indique les MESURES qu'il faut prendre; elles ne sont indiquées que par des lignes et des numéros d'ordre qui s'accordent avec le tableau général des mesures; ce qui veut dire que le n° 1 est la longueur de la taille, le n° 2 la longueur de la jupe, le n° 3 montant, etc. On trouve donc en mesure de supplément le n° 10 bis, qui est une mesure qui se prend en suivant la pointe du corsage de la robe, et sert à déterminer la longueur du biais, y compris la pièce qui fait le devant. Le n° 14 bis est une mesure qui passe sur le milieu de la poitrine, et détermine la hauteur de la pince. Le n° 17 bis est la double poitrine faisant partie des mesures de supplément.

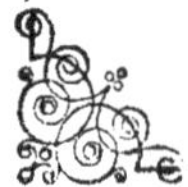
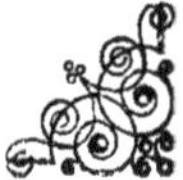

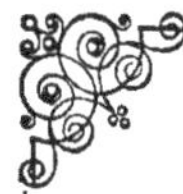
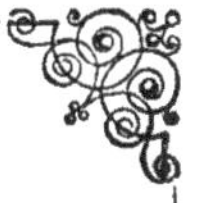

METHODE DES GILETS.

La coupe des gilets est, comme chacun le sait, une partie de l'habillement dont l'exécution est très-susceptible; elle exige beaucoup de goût dans le tracé, un aplomb précis dans l'ensemble, et de l'aisance dans la pose; toutes choses difficiles à concilier, parce que le gilet se porte sous un autre vêtement, et que la pression de l'un maintient l'autre dans une certaine position, le tient pour ainsi dire en presse, tellement que, s'il se dérange, le vêtement de dessus brise les plis qui se forment et les fixe de façon à ce qu'ils ne s'effacent plus.

C'est pour cela que nous commencerons par comparer la coupe du gilet avec celle du corsage de l'habit, à condition toutefois que ce corsage sera tracé d'après de bonnes mesures; car s'il est faux dans ses principaux points, il reproduira nécessairement les mêmes fautes dans le gilet.

Rapport du gilet à l'habit.

Ainsi, pour la comparaison dont nous voulons parler, remarquez que pour le gilet droit, on doit d'abord placer les deux encolures l'une sur l'autre au point A, figure 7; il faut ensuite que le bas du devant du gilet dépasse celui de l'habit de 2 centimètres entre les points B—C; après cela on place les côtés l'un contre l'autre par les points F—G; puis on met la couture du dos de l'habit contre celle du gilet, en arrêtant le premier de façon à ce que la carrure soit en face de la pointe du côté.

Ce placement étant fait, on remarquera que le haut du dos de l'habit est de 1 centimètre plus court entre les points I—J; que le haut de l'emmanchure du dos est de 3 centimètres plus élevé entre les points K—L; que dans les épaulettes des devants c'est au contraire l'épaulette du gilet qui est plus courte entre les points M—N, et que cependant il n'y a pas compensation, parce que la quantité ajoutée au dos est plus grande que celle qui est retranchée au-devant; d'où il résulte que, pour les gilets, nous comptons que l'emmanchure doit avoir plus de jeu sur le dessus de l'épaule : 1° parce que l'encolure porte mieux quand l'habit est placé; 2° parce que l'emmanchure de l'habit se détend et s'ajuste sur tout le tour de l'épaule, tandis que celle du gilet est toujours aisée dans le côté, puisque l'on n'y fait pas de pince comme dans les côtés d'un habit. On voit d'ailleurs que l'emmanchure est plus courte, mais qu'elle ne doit pas être plus basse; on voit aussi qu'il y a un vide entre le bas des deux coutures du côté, autrement dit que le dos du gilet est plus large; mais ceci sera le sujet d'une observation dans le mesurage. On voit enfin que dans l'emploi de la grosseur de poitrine E—D, les points que l'on marque sur le gilet comme sur l'habit doivent se rencontrer au point D, mais que pour le gilet il y a à déduire toutes les pertes de coutures, remplis et croisure.

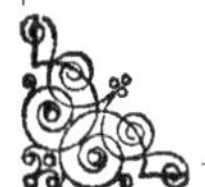
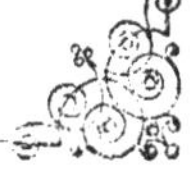

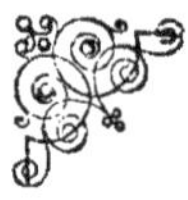
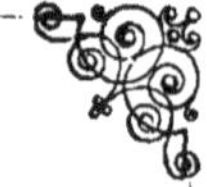

Tracé du gilet.

Passons maintenant au tracé, en observant que, quel que soit le moyen dont on se serve pour enseigner ou pour apprendre, on a toujours besoin d'exemples qui puissent fixer les idées, et que l'habillement a cela de particulier qu'à chaque instant on trouve des hommes de toutes grandeurs et de toutes conformations. Les uns sont grands, les autres petits, d'autres sont courbés ou renversés, d'autres gros ou minces. Or, puisque les variations sont nombreuses, il faut aussi que les patrons puissent subir des changements analogues; cependant, comme il faut partir d'une base rationnelle, il est préférable de choisir la plus belle proportion.

Le tracé du gilet doit s'envisager en ce sens que les points de construction qui en désignent la forme dérivent non pas d'un calcul, mais du résultat d'une longue pratique et d'expériences faites sur des milliers de modèles. Nous pensons cependant que chacun doit être libre de couper comme il l'entend; et pourvu que le vêtement aille bien quand il est fait, peu importe le moyen qui a été employé pour le faire; seulement, en évaluant un patron qui va bien, nous le trouvons presque toujours d'accord avec nos tracés.

La construction des dos et devant, *figures* 8 et 9, contient, comme de coutume, des mesures de deux espèces : les points de longueur placés sur la ligne qui va du haut en bas du patron, et les points de largeur qui sont répartis sur toute les lignes transversales, le tout ensemble donnant des points qui servent à former le contour du patron.

Pour l'exécution du *devant*, on tracera d'abord les points de longueur sur la ligne du côté, en commençant par 0, puis 4—12—18—25—49—56. On tirera ensuite une ligne sur chacun de ces points, et la largeur 0—15 sera pour le côté de l'encolure, 4—16 pour le creux de l'encolure, 12—25 pour le haut du devant, 18—8 pour l'échancrure, 25—28 pour le dessous de l'emmanchure et le bord de la poitrine, 49—4 pour le bas du côté, 49—26 pour la couture, et 56—24 pour le bas du devant. Les courbes se traceront à la main, et c'est de leur dessin que dépend la tournure du gilet.

Le *dos* se tracera d'après le même principe, et l'on doit remarquer que le devant comme le dos sont disposés pour un gilet qui ne vient qu'au creux des hanches; les allongements sont comptés à part, ils n'ont pas de proportion, et varient d'après la mode.

Mesurage.

Pour l'exactitude du tracé, comme pour les variations que l'on rencontre dans les structures, il est essentiel qu'un patron soit toujours vérifié avec les mesures; et si l'on a pris celles de l'habit conformément à notre méthode, on les emploiera pour vérifier le gilet; si c'est un gilet seul que l'on a à faire, on prendra les huit mesures suivantes :

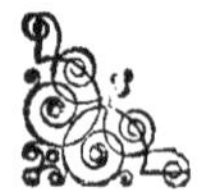
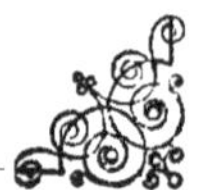

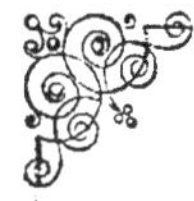
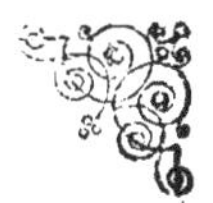

N° 1. *Longueur de taille*, comme pour un habit, et sur l'habit.

N° 2. *Cambrure* en travers depuis la couture du dos jusqu'au défaut de la hanche, ou, si l'on préfère, à un point qui corresponde verticalement au milieu du dessous du bras.

N° 3. *Courbure*, ou longueur oblique depuis le haut du dos jusqu'à la hanche; il faut en la prenant que le ruban soit placé bien droit.

N° 4. *Petit côté*, comprenant l'intervalle entre le dessous de l'emmanchure et la hanche; le ruban doit entrer sous l'aisselle, et c'est pour cela que le bout est ferré. Ces quatre mesures sont prises en dessus de l'habit, et les autres sont prises en dessous; ce sont :

N° 5. *Longueur de buste*, passant sous l'habit, tournant autour du cou, et descendant au creux de la hanche.

N° 6. *Devant*, qui se prend en laissant le ruban fixé à l'encolure, et en le ramenant sur le devant pour déterminer la longueur, suivant le genre que l'on veut faire.

N° 7. *Sous-bras*; c'est la grosseur entière du haut du corps que l'on mesure, en ne serrant pas trop, en faisant même respirer l'homme pour voir s'il se grossit; le ruban doit monter le plus haut possible par derrière, et prendre une position horizontale par devant.

N° 8. *Ceinture*; c'est la grosseur prise au défaut des hanches, et qu'il faut serrer à une résistance moyenne; il est bon, pour un homme qui se serre fortement, de mesurer d'abord sa grosseur ordinaire, puis de compter à part la diminution que le serrage produit.

On a pu remarquer qu'en prenant le petit côté en dessus et le buste en dessous, il devait y avoir une différence dans le rapport des mesures; cela a lieu en effet, mais quand on prend le petit côté en dessous, il monte trop haut et peut donner une emmanchure de 3 et même de 4 centimètres trop haute. L'emmanchure de l'habit, au contraire, comprime l'épaule, mais elle n'entre pas dans la cavité qu'il y a sous les bras.

Emploi des mesures.

Il y a deux moyens à employer pour appliquer ces mesures : le premier est de supposer que les dos et devant d'un gilet sont comme le corsage d'un habit, et que les mesures s'appliquent de la même manière; l'autre consiste à remarquer que le gilet diffère sur quelques points, et que l'on peut faire les changements de suite. Par exemple, si pour trouver la longueur du dos on place d'abord la cambrure par les points 47—16, fig. 9, en la mettant à 1 centimètre de moins, puis la courbure par les points 0—16, en la mettant à 1 centimètre de plus, ensuite le petit côté par les points 16—24, on trouvera seulement la place du dessous de l'emmanchure.

Mais si l'on compte que le dos est plus long que la taille de l'habit, s'entend qu'il dépasse de 1 par en haut et de 3 par en bas, on verra qu'il est plus à propos de faire les changements de suite. Ainsi, pour vérifier le gilet figure 10, on supposera d'abord que c'est le même tracé que les figures 8 et 9; puis on placera :

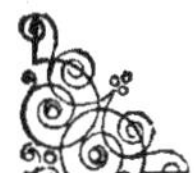
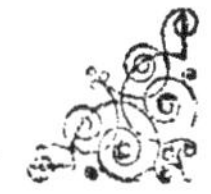

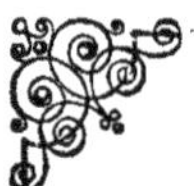
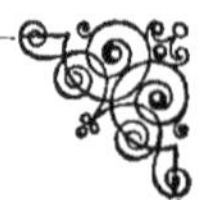

La *taille* de l'habit sur la couture du milieu, et on lui donnera 4 centimètres de plus que la mesure.

On mettra ensuite la *cambrure* en bas du dos, en la tenant égale à la mesure.

Puis on placera la *courbure* en biais avec 4 centimètres de plus.

Le *petit côté*, au lieu de partir du point de cambrure comme dans la figure 9, se placera sur la couture, et aura 1 centimètre de plus que la mesure.

Le *buste* partira de l'épaulette et dépassera de 6 centimètres pour le haut du dos, bien que celui-ci en ait 7 de largeur; mais on compte que les coutures emportent 1 centimètre.

La longueur du *devant* aura la même exception. La demi-grosseur du *sous-bras* se placera dans le sens indiqué par la ligne, et le gilet sera de 6 centimètres plus large; mais il faut observer que c'est dans le tracé que cela a lieu, et qu'en rapprochant les côtés il n'y a pas 6 de plus.

La *ceinture* se placera en bas, et le gilet se tiendra plus large de 3 centimètres, sauf à rétrécir après. Par exemple, si l'on veut un gilet fortement serré, il ne faut pas pour cela que l'aplomb soit dérangé, et par conséquent on ne peut pas rétrécir le bas du devant, puisqu'il remonterait; on ne peut pas dégager le bas des côtés, parce que la largeur se reporterait sous les bras; or ce n'est que par le milieu du dos que l'on peut rétrécir, et la preuve en est donnée dans la figure 7, où l'on voit qu'il y a de l'étoffe entre le côté du dos et le devant de l'habit. En creusant le dos au milieu, cela produit une ligne courbe, et si on la redresse le dos devient plus étroit; mais ceci est prévu dans le mesurage, car on compte que le plissage produit par les pattes perd 1 centimètre au milieu, et que de fait le dos n'a que 25 à la hauteur 27.

D'après ce qui vient d'être dit, on comprend bien qu'en employant les mesures, celles qui proviendront d'un homme courbé donneront un dos long; celles qui viendront d'un homme élancé donneront une augmentation sur les deux parties; celles d'un homme gros forceront à élargir par en bas.

Ces trois exemples sont démontrés par les tracés qui terminent la planche. Avant de les examiner, nous avons à remarquer que les dos et devant d'un gilet peuvent se tracer d'une manière abrégée; mais pour la comprendre, il faut encore retourner aux *figures* 8 *et* 9, et considérer qu'au moyen de l'échelle de proportion il y a beaucoup de points qui ne changent pas.

Dans les *devants*, par exemple, l'encolure a 15, le milieu de la poitrine a 28, l'évidure de l'emmanchure a 8; tout cela grandit ou diminue selon la grosseur, et les points de construction restent les mêmes. Le haut ne varie que très-peu, et les principaux changements viennent toujours des longueurs et des grosseurs de ceinture. Si l'on veut reconnaître par les points de construction quelle est la longueur du buste, on trouve qu'elle est de 56, parce que ce chiffre est en bas du devant; sur cette longueur, il faut déduire 7, qui équivalent à l'encolure du dos et à la pente du devant, reste 49 pour le bas du côté; puis entre 49 et

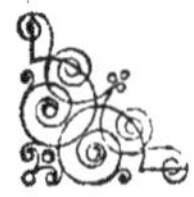
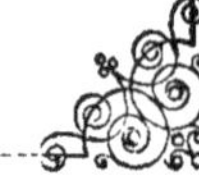

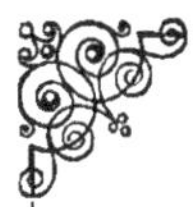

25, il y a un intervalle de 24 centimètres qui représente la longueur du petit côté. Ainsi voilà les deux principales longueurs contenues dans le tracé du devant.

Pour le *dos*, le point 51 représente la taille plus 4; l'espace compris entre 51—27 représente aussi le petit côté; puis on peut compter que dans l'aplomb ordinaire le dessous de l'emmanchure du dos est de 2 centimètres plus bas que celui du devant (comme 25—27 ou bien 24—26). Ainsi, au besoin, le devant étant réglé peut servir pour faire le dos, et du moment où le dessous de l'emmanchure est déterminé, l'aplomb de longueur s'y trouve.

Tracé fait avec les mesures.

Pour ce qui est du tracé fait avec les mesures, il faut d'abord remarquer que le tableau placé sous la figures 10 est pour servir de rappel dans l'exécution; en le consultant, on trouvera que la marche est toute indiquée, de façon à ce que la planche seule puisse servir de leçon.

Pour la *figure* 11, il y a plusieurs mesures qui s'enclavent l'une dans l'autre; et bien qu'en réalité il ne doive y avoir qu'une seule ligne pour marquer les longueurs, on en a figuré quatre pour distinguer les séparations. Ainsi le trait désigné par *buste* comprend l'espace A—B; celui désigné par *dos* comprend l'espace B—C, qui est d'une valeur égale à l'encolure du dos et à la fente du bas du devant; ce qui veut dire que pour que la taille soit ronde, le devant doit être de 7 centimètres plus long que le buste, et qu'on peut ensuite l'allonger autant qu'on voudra par rapport à la mode, mais sans compter cet allongement dans la mesure. Le trait désigné par *petit côté* comprend l'espace C—D, et ceci démontre que l'espace A—D est le résultat de deux mesures.

Or, pour faire le tracé avec ces mesures, c'est presque la répétition de ce qui vient d'être dit, s'entend que l'on commence par placer la longueur entière du buste sur la ligne A—B; ensuite on retranche sur cette ligne les sept points d'échelle qui font l'encolure du dos, et que cet espace compte pour la pente naturelle du bas du devant. Après cela on place le petit côté entre les points C—D.

Cette application donne le résultat suivant: B est pour la ligne qui mène au bas du devant; C est pour la ligne qui mène au bas du côté et au bord du devant; D est pour le point qui fait le dessous de l'emmanchure et la ligne qui marque la largeur de la poitrine.

Puis pour achever le tracé, il faut se servir des points de construction et les marquer sur des proportions relatives au numéro de l'échelle. L'espace E—F est variable et nécessitera des observations qui s'appliquent également au dos, c'est pourquoi l'on fera les deux à la fois.

Le dos, figure 12, est en proportion plus difficile à tracer, parce qu'il faut commencer par en bas, et qu'il y a des exceptions dans les mesures. Sur l'étoffe, par exemple, il faut d'abord laisser une *réserve* pour allonger la taille, équivalant à la quantité que l'on veut ajouter, et en supposant que le point A est marqué, on détermine d'abord la distance

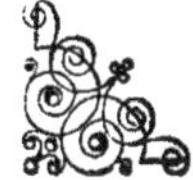
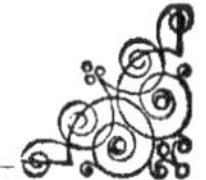

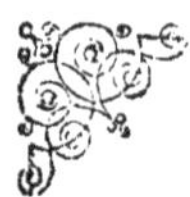
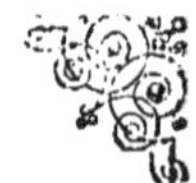

A—B avec la cambrure, qui se met à mesure égale ; on place ensuite la courbure dans la direction de la ligne B—C, et on la tient de 4 centimètres plus longue que la mesure ; puis on place le petit côté sur la ligne A—D, et l'on y met 1 centimètre de plus. La disposition de ces trois mesures est donc A—B—E pour la ligne de la ceinture, D pour le dessus de l'emmanchure, C pour le haut du dos ; et il est à remarquer que la longueur du dos se détermine par une mesure oblique qui peut faire allonger ou raccourcir le haut.

Les points de construction serviront à déterminer le tracé ; et pour les parties variables, il faut se rappeler ce qui a été dit pour le rentrage du côté des habits, savoir : que pour toutes les ceintures minces le côté rentre à 8, pourvu que la taille du dos ait 6 centimètres de largeur, qu'elle soit au défaut des hanches, et que le côté ne soit pas rapporté.

Ce rentrage de 8 varie en raison de la force des ceintures, et présente une gradation équivalente à peu près à ce que si l'on marquait toujours 8 pour le bas du côté, 40 pour le devant, qu'en passant la mesure on trouve la ceinture trop étroite, on ferait l'élargissement moitié de chaque côté ; autrement la véritable gradation est que :

Pour des ceintures de	36	38	40	42	44	46	48	50	52	54	56
Le rentrage des habits est de	8	8	8	7	6	5	4	3	2	1	0
Et pour les gilets	4	4	4	3 ½	3	2 ½	2	1 ½	1	½	0

C'est donc pour le gilet la moitié du rentrage de l'habit qu'il faut prendre. Ainsi pour le devant figure 11, l'espace C—E serait de 4 si la ceinture vaut 40, de 3 si la ceinture vaut 44, de 2 si la ceinture vaut 48 ; et il en est de même pour le côté du dos, s'entend que le point E serait à 22—23—24, etc. ; et en laissant toujours le haut à 26, il est clair que de 20 à 24 il reste 4 de rentrage, de 23 à 26 il reste 3, de 24 à 26 il reste 2.

Cette combinaison bien appliquée détermine d'elle-même la position du devant, s'entend que la largeur du dos étant faite, le côté du devant étant fixé, on n'a plus pour trouver la position du bord qu'à mesurer la ceinture et à tenir le devant de 3 centimètres plus large que la mesure. Maintenant, si pour tenir la ceinture juste on veut qu'il n'y ait, supposons, que 1 centimètre de plus au lieu de 3, il faut faire la diminution, soit par une pince dans le devant, soit par un rétrécissage appliqué au milieu du dos. Il faut bien observer que pour les gilets longs la basque se compte à part, et c'est pour cela que les pinces ont été employées.

Variation de l'aplomb des gilets.

Pour ce qui regarde la variation des structures, on a représenté les trois principaux genres, qui sont pour un homme voûté, un élancé, un gros, et le patron proportionné, qui est le terme de comparaison des autres.

Les *figures* 13 *et* 14 présentent une nouvelle remarque relative à l'aplomb, et la question à résoudre consiste à savoir si pour un homme voûté ayant les hanches en avant, il suffit de tenir le dos plus long, et

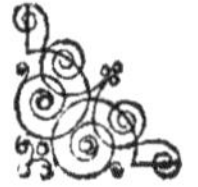
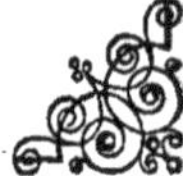

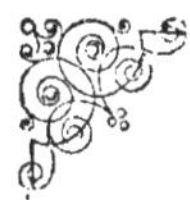
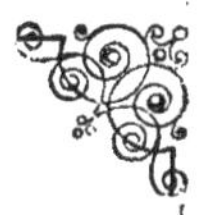

si, la ceinture étant mince, il faut le même abattage au devant que pour un homme qui se tient droit. L'essai que l'on en fait a démontré au contraire que le bas du devant devait avancer ; que, de même que dans l'habit, le bas du devant ne doit changer que par rapport à la grosseur de ceinture; mais seulement, au lieu de faire bomber la poitrine par une pince, on doit, au contraire, ajouter un gousset pour laisser le gilet descendre sur la hanche et le faire toucher sur la poitrine. L'épaulette devra subir un changement analogue à celui des habits. c'est-à-dire redresser, mais seulement d'un centimètre quand l'habit redressera de 2, parce que l'épaulette est plus étroite et qu'il n'y a pas de manches.

Pour l'homme renversé ou celui qui se tient en arrière et dont la poitrine est saillante, on ferait saillir la poitrine par le moyen d'une pince placée à la ceinture; et si elle ne suffisait pas, on pourrait en ajouter une dans l'emmanchure et une autre dans l'encolure si le gilet est à châle. L'épaulette renverserait d'un centimètre si celle de l'habit se trouvait de 2 centimètres plus en arrière que pour la position droite.

Le gilet *figures* 15 *et* 16 est à châle ; il y a une pince dans l'encolure, une dans l'emmanchure, et une troisième au-dessous de la poche, qui peut être faite plus forte, en laissant par précaution le devant plus large, car il recule et remonte si le point de ceinture est trop forcé.

Le gilet *figures* 17 *et* 18 est droit et se boutonne jusqu'en haut. Pour en faire un gilet croisé il suffit d'y ajouter des revers sans rien changer au devant; le bras n'a pas besoin de gousset ni de pinces, il nécessite seulement un tendage au devant et un gousset sur le dos répondant au point de cambrure.

Les mesures contenues dans ces trois gilets sont : pour le premier, buste 55, petit côté 24 ; le dos a son emmanchure de 4 centimètres plus profonde que celle du devant, c'est ce qui le rend courbé.

Les mesures du deuxième gilet sont : buste 59, et petit côté 25; le dos a 2 centimètres de longueur de plus que de devant, ce qui représente la position droite.

Le troisième a les mêmes mesures de longueur que le premier, seulement il est d'un genre gros.

Lorsque l'homme se tient renversé, il arrive que l'emmanchure du dos est seulement à la même profondeur que celle du devant. Si avec une mesure mal prise on trouvait le dos plus bas, il serait prudent de ne pas la suivre, sans quoi on serait presque certain d'avoir le dos trop court.

Les grosseurs de poitrine sont toutes à 48 si les gilets sont tracés par centimètres; autrement, s'ils sont tracés sur une échelle de proportion, ils auront toujours 6 points de plus que la grosseur de l'homme, quelle que soit la mesure.

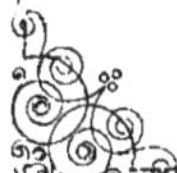
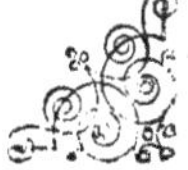

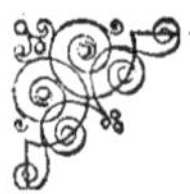
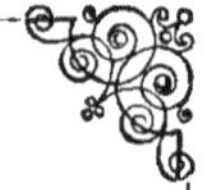

SEPTIÈME CHAPITRE.

PALETOTS. — PARDESSUS. — TWEEDS. — PALETOTS SACS ET ROBES DE CHAMBRE. — VESTES. — ÉTUDE DES RETOUCHES.

(Voir la planche n° 7.)

Paletots.

Nous allons, dans ce chapitre, traiter de plusieurs observations qui se rapportent aux changements produits par la mode, entre autres les différences de longueur et largeur de taille, les élargissements à faire à un paletot pour qu'il puisse se porter par dessus un autre vêtement.

Nous commencerons par les figures 1 et 2, qui sont les dos et devant d'un paletot à basques et revers rapportés.

Le dos est de même largeur que celui d'un habit; il doit avoir une couture dans le milieu, parce que la partie allongée se cambre mieux quand cette couture retourne parallèlement au bord depuis le point 47 jusqu'au 54 et que la profondeur du cran est de 4 à 5 centimètres.

Le devant est évasé sur ses trois principaux points, c'est-à-dire que le bas du côté a environ 6 centimètres de renvoi en comparaison du dos posé à plat sur le côté. La hanche est élargie de 5 centimètres par le gousset que l'on ajoute au patron après avoir enlevé la pièce du côté. Le bas du devant est retourné de façon que la ligne comprise entre les points 38—38 se dirige dans une position relative à l'aplomb de la basque, qui doit se porter un peu en avant. La partie comprise entre les points 18—38 doit être fortement tendue jusqu'à hauteur de ceinture, sans cela il faudrait une pince en long, arrangée de façon à produire peu de jeu sur la poitrine et beaucoup d'évasement par en bas.

Pardessus.

Les figures 3, 4, 5 et 6 forment les patrons d'un autre paletot pouvant servir de surtout ou pardessus.

Le dos a la taille de double largeur en comparaison du modèle précédent; elle est allongée de 10 centimètres, et sa carrure contient 8 centimètres de hauteur au lieu de 3. Pour un dos de ce genre, le crochet du haut du côté ne peut plus être aussi fort, parce que la couture approche du dessous du bras. Le côté du dos est tendu, parce

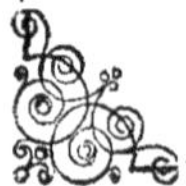
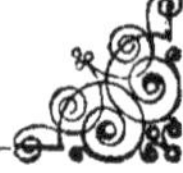

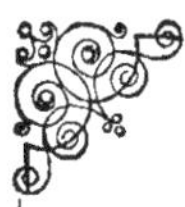
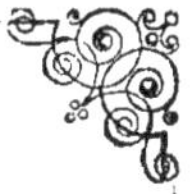

que plus un dos est large, plus il est sujet à résister sur les côtés.

Le devant, figure 4, est tracé de façon à pouvoir enlever la pièce du côté sans mettre de morceau au patron du devant. L'étoffe perdue entre les deux parties change la position de l'emmanchure, et c'est pour cela que l'on a tenu la pointe du côté plus haute. Le revers fait partie du devant, c'est-à-dire que, n'étant pas rapporté, on peut, en laissant tenir la basque après le devant, obtenir le patron d'un tweed à taille étroite; dans ce cas, la pièce du côté serait rapportée, et le haut de la basque serait formé par la ligne 15—54.

Pour faire une basque séparée du devant, comme l'indique le tracé de la figure 5, il faut, pour réduire l'ampleur à sa plus petite dimension, que le bas du devant et le haut de la basque aient au moins la même forme, c'est-à-dire que les deux parties posent à plat l'une contre l'autre; puis que la pièce du côté se pose à plat contre le devant dans la partie allongée, et de cette façon le bas de la pièce donne la suite de la basque; d'où il résulte qu'en comptant par les *aplats*, la basque a en proportion plus d'ampleur que celle d'une redingote.

Les changements existant entre les pardessus et les corsages ajustés doivent se faire de la manière suivante :

1° Il est nécessaire de laisser dans le côté deux ou trois centimètres de plus que la mesure, parce que l'habit donne plus de grosseur sur les hanches et fait reculer la taille. Cet élargissement est indépendant de celui que l'on fait quand il s'agit seulement de remplacer la perte produite par la pince du côté. Nous avons pour exemple le côté de la figure 4, qui est sur le point 6, et serait sur le 10 s'il n'y avait pas 4 centimètres de perte entre les points 12—16.

2° Le pardessus est de 1 ou 2 centimètres plus large sur le devant.

3° On tient l'épaulette de 2 centimètres plus longue, sans la redresser ce qui oblige quelquefois à tenir l'encolure un peu plus haute.

L'emmanchure ne change presque pas, et devient plus grande par l'allongement fait à l'épaulette, et plus avancée par la largeur ajoutée dans les côtés.

La manche figure 6 est large et avancée dans le bas de la couture du devant, parce que les manches courbées de cette façon gênent moins dans le mouvement des bras. L'abattage du devant est porté à 11 centimètres, d'abord parce que la manche est large, et puis qu'en rentrant le dessous par le talon cela la rend plus haute par devant.

Tweeds.

Les figures 7 et 8 sont les patrons d'un tweed tracé dans son état primitif, c'est-à-dire que les coutures sont sous les bras et à peu près au milieu des hanches, les revers font partie des devants et les basques ne sont pas rapportées.

Pour expliquer en deux mots la manière de tracer ces patrons, on dira que le dos se creuse de 5 centimètres à hauteur de la taille; que la carrure se fixe d'abord comme celle d'un habit avec la

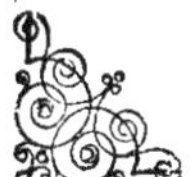
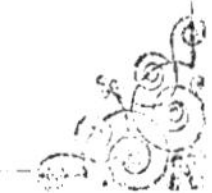

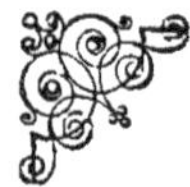
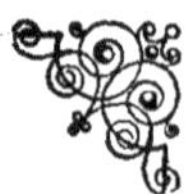

carrure et le montant ; puis, pour trouver la position de l'emmanchure, on place d'abord la cambrure entre les points 48—15 (quand elle est proportionnée), et l'on s'en sert pour largeur de taille. On place ensuite la courbure dans le sens de la ligne 0—15, et l'on met 2 centimètres de plus que la mesure qui a été prise sur l'homme. Après cela, on place le petit côté sur la ligne 15—23, et l'on peut observer que le dessous de l'emmanchure peut devenir plus ou moins haut suivant la valeur des trois mesures ; mais, pour éviter que le dos ne devienne trop court ou trop long dans sa partie supérieure, il est essentiel d'évaluer la position du haut du côté par une ligne rapportée carrément sur la couture du dos ; la proportion ordinaire est de 26 à 27 points d'échelle, ce qui, du reste, se rapporte aux dos des gilets. Le bas de la basque se compte au double de la taille, comme 30 pour 15 de cambrure.

Le devant figure 8 se trace sur mesure comme un devant d'habit ; seulement on peut d'avance déduire l'encolure du dos de la longueur du buste, et placer par conséquent 50 pour 57 sur la ligne 0—50 ; puis, poser le petit côté entre les points 50—26. De cette façon les principales longueurs sont fixées de suite ; et pour les autres points de construction, on les marque avec l'échelle désignée par le sous-bras, en observant que pour le tweed il faut laisser plus de largeur dans les côtés, parce que la hanche n'est pas formée par la basque ; il faut que la croisure soit grande, ou du moins que l'on compte 2 centimètres de plus que la couture, parce que la pince faite en long rétrécit le devant. Pour trouver l'aplomb de la basque, on tire une ligne oblique par les points 38—41, on la prolonge jusqu'en bas ; puis, si la croisure est de 8 centimètres, on reporte cette distance parallèlement à la première ligne. Ce principe est applicable aux soutanes.

Paletots sacs et robes de chambre.

Le tracé du paletot se fait de la même manière que celui du tweed, c'est pourquoi nous nous servirons du même modèle, figures 7 et 8, auquel il suffira de faire les changements suivants :

Le côté du dos se tire tout droit par les points A B, et le milieu reste sur la ligne droite, ce qui l'élargit encore de 5 centimètres à la taille.

Pour le devant, on fait partir le côté du point C, et l'on dirige la ligne sur D, de façon à ce qu'elle soit parallèle au pli. Pour le devant, on tire une ligne droite partant du point E, à 39 centimètres de distance de la ligne de construction, on la fait passer sur le point 46, et on la prolonge jusqu'au point F. On trouve donc que ce devant, quoiqu'il soit droit, a autant de largeur qu'un tweed croisé.

La coupe du paletot sac sert également pour les robes de chambre dites à la grecque, et la seule différence qu'il y ait à faire consiste à tenir le bas d'environ 30 centimètres plus long.

Quant aux autres formes de robes de chambre, elles ne diffèrent pas des paletots, et se coupent sur le même principe.

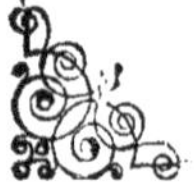
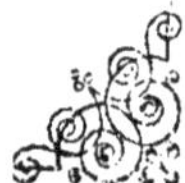

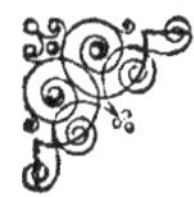
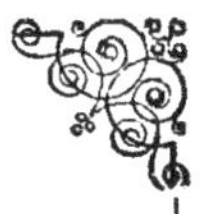

Vestes.

Les figures 9 et 10 sont les modèles d'une veste de palefrenier, ou veste longue pour mettre le matin; elle est de 20 centimètres plus longue que la taille; le contour du bas est assez large pour ne pas gêner les mouvements. La poche est à hauteur de ceinture; et dans le cas où cette veste serait en étoffe de laine, on pourrait former la hanche par une pince dans le côté, qui finisse à l'ouverture de la poche; de cette façon, la largeur qui reste en bas se réduit par l'embu que l'on met en montant la patte. Les revers ne sont pas rapportés, et l'on peut remarquer que le bas des devants a le même aplomb que le tweed, c'est-à-dire que si on le tient trop étroit il bridera sur les jambes.

ÉTUDE DES RETOUCHES.

Nous allons essayer de démontrer, aussi bien que possible, la cause des retouches occasionnées par la mode, la variation des structures, le défaut d'aplomb dans la coupe, les changements de genres, etc.

On a pu remarquer que les changements de mode sont pour beaucoup dans les inexactitudes que l'on rencontre! Chaque nouvelle manière de couper amène des retouches inconnues: quand, par exemple, on portait les tailles courtes, les basques étaient sujettes à se jeter en arrière et les tailles ne touchaient pas. Les tailles longues, au contraire, sont sujettes à toucher trop fortement, non au défaut de la taille, mais sur le tour des hanches, d'où il résulte que le corsage se déplace et semble manquer d'aplomb sur plusieurs points. Après ces défauts, il y a aussi ceux qui proviennent de la coupe en elle-même et quelquefois des principes que l'on se fait sans raisons plausibles.

En général, rien n'est si vague que ces questions de retouches quand il n'y a pas de comparaisons à l'appui; et quoique les accidents soient fréquents, les causes sont très-difficiles à démontrer, et il faudrait pour obtenir un bon résultat que l'on pût se dire: Un homme étant de telle structure, a donné telles et telles mesures; sa coupe a produit un certain genre de tracé, et l'on a dû retoucher telle ou telle partie.

Comme comparaison, on peut encore admettre qu'un habit fait pour un homme droit produira certains défauts quand on l'essayera à un homme voûté, et certains autres quand il sera porté par un homme renversé. Mais tout cela ne généralise pas les retouches, et, en effet, elles ne sont pas les mêmes pour tout le monde. Nous devons donc prendre en détail tous les cas possibles, et pour cela nous en avons choisi dix qui sont figurés sur les trois bustes et sur le patron placé au-dessous. Pour reconnaître la trace des défauts, on devra chercher tantôt sur l'un, tantôt sur l'autre des modèles; et nous avons pensé que les plis s'expliquent suffisamment d'eux-mêmes, sans avoir besoin d'être désignés par des chiffres ou des lettres.

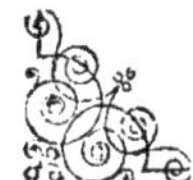

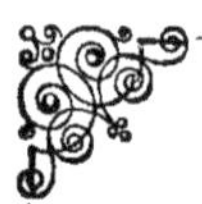
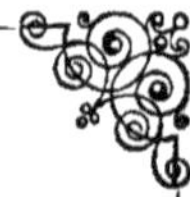

Pour le *premier défaut*, ce sont des plis en travers de l'écarrure, provenant en général de ce que le dos est trop long; mais ils peuvent aussi être occasionnés par une épaulette trop courte; par des plis partant de l'épaulette et se prolongeant par derrière les épaules, ce qui fait aussi remonter le dos, parce que l'épaule en avant et le coude en arrière font remonter l'encolure. Le doublage des épaulettes occasionne aussi des plis quand le dessus n'est pas bien détendu sur la doublure.

Pour le *deuxième défaut*, c'est la taille qui touche trop fortement, sans cependant être allongée; le résultat naturel de ce défaut est que l'on a des plis obliques partant de la taille, allant se fixer devant les bras, et tournant sur les épaulettes si elles sont trop droites, comme cela arrive presque toujours. Si cela n'a pas lieu c'est l'épaulette qui est trop courte, car on ne peut forcer la taille à toucher qu'en faisant l'un ou l'autre. Quand les tailles sont allongées et qu'elles portent trop, le défaut est le même, seulement il est plus grand.

Dans le *troisième défaut*, ce sont les basques trop étroites; elles sont cause que le corsage ne porte pas au défaut des hanches. Pour un habit dégagé, le devant de la poitrine peut porter, mais pour un paletot à taille longue les hanches repoussent le corsage, à moins que les pinces ne soient assez fortes pour que la hanche se place librement. Les basques trop étroites ont encore le défaut d'ouvrir par derrière quand c'est un habit boutonné; de brider par devant quand c'est un paletot ou un tweed, dont les boutons descendent à 10 ou 15 centimètres au-dessous de la ceinture.

Le *quatrième défaut* est la basque tirant sur le devant; si c'est celle d'un habit, elle remonte et ouvre; si c'est celle d'une redingote, elle en fait autant, et de plus plisse dans le boutonnage.

Le *cinquième défaut* est l'habit dont la poitrine est trop bombée, provenant de ce qu'il y a trop de pinces dans les devants. Par exemple, pour un homme qui a la poitrine plate, on fait souvent deux pinces dans la couture du revers, une en bas du devant, une autre dans l'encolure, ce qui produit le double du bombage nécessaire. La pince de l'encolure, par exemple, pour être utile devrait descendre jusqu'à la hauteur des aisselles, car c'est à ce point que commence la saillie de la poitrine, la partie supérieure étant creuse pour presque tous les hommes.

Le *sixième défaut* est le devant qui plisse et remonte. C'est presque par les mêmes causes que le précédent; seulement un devant qui remonte étant boutonné, vient de deux causes différentes et tout à fait opposées : pour l'homme maigre et courbé les devants remontent quand ils sont trop longs et que le bas n'est pas détendu de manière à s'évaser dans la partie qui est au-dessous de la couture; ce qui fait que certains devants devraient être à rebroussement, c'est-à-dire plus étroits à la deuxième boutonnière qu'à la première.

Pour les hommes gros à la ceinture les devants remontent quand ils sont courts, s'entend quand le bouton n'est pas placé de façon à serrer dans la partie qui est au-dessous du ventre. Les devants qui se brisent en travers proviennent quelquefois de ce que les revers ne sont pas

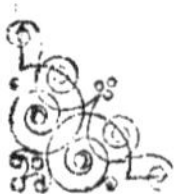
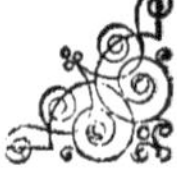

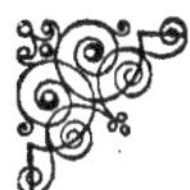
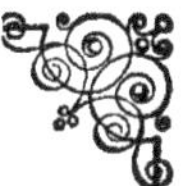

assez serrés ; ce défaut est peu commun, puisque d'après les manières de travailler on fait plutôt l'inverse.

Le *septième défaut* est dans les manches qui sont trop courtes sur le dessus des épaules et entraînent les épaulettes ; chaque fois qu'une manche plisse en dessous et se brise fortement du côté du talon, c'est une preuve que le dessus est trop court. Ce défaut est fréquent, parce que pour ôter l'embu on ne trouve rien de mieux à faire que de couper le rond qui le produit.

Le *huitième défaut* est la manche trop droite ; elle fatigue l'avant-bras, plisse et remonte entre le pliant du bras et l'emmanchure. La manche courbée a cependant le défaut de faire saillir le coude quand le bras est détendu ; mais on trouvera peu de personnes qui se plaindront de cela, tandis qu'on en trouve beaucoup qui croient que le corsage les gêne quand ce ne sont que les manches qui sont trop droites.

Le *neuvième défaut* est le collet trop court ; il retient les épaulettes, empêche les emmanchures de se placer, et l'on ne peut y remédier qu'en le rallongeant, ou bien en raccourcissant les épaulettes, si la taille le permet, car il faut alors baisser le haut du dos dans la même proportion, sans cela l'habit deviendrait trop courbé.

Le *dixième défaut* est le collet trop long, qui s'écarte autour du cou, surtout si l'encolure est trop basse ; il paraît quelquefois trop long quand l'habit manque d'aplomb, ou que l'emmanchure est trop basse.

Cette emmanchure trop basse produit aussi un très-grand défaut dont nous devons parler ; d'abord elle fait manquer l'aplomb du corsage, ensuite le côté étant trop court fait remonter le dessous de l'emmanchure, et les plis tournent jusque sur la poitrine. On trouve cela dans les côtés que l'on rétrécit, ou dans les corsages que l'on coupe sous le bras, sans remarquer que ce que l'on ôte au défaut de la hanche rend l'emmanchure plus basse par derrière.

Maintenant, pour terminer, examinons les *figures* 14 *et* 15, et remarquons que si, pour une taille allongée de 4 ou 6 centimètres, on prolonge le côté du devant sans y ajouter un renvoi (défini par une double cambrure qu'il faudrait prendre), sans ce renvoi, disons-nous, le bas de la taille sera trop étroit, et les plis que cela produira seront d'une valeur égale à ce qui manque par en bas ; c'est-à-dire que l'emmanchure pourra être de 3 centimètres plus en arrière et tomber sur le point 20 au lieu de 17. Si, sans allonger la taille, on veut forcer le côté sur 10 au lieu de 8, on fera l'inverse de ce que l'on voudra obtenir ; c'est-à-dire que le dos descendant au lieu de monter fera lever la taille. Si encore, pour que la poitrine tende sur le devant, on redresse l'épaulette outre mesure, cela fera reculer le bord du devant et les plis s'arrêteront sur le bras, parce qu'ils ne peuvent pas aller plus loin.

Ainsi, nous avons dit qu'il y avait de ces principes que l'on se faisait sans raison, sans preuve que cela existe, et parmi ces principes, on peut placer au premier rang la passion que l'on a de faire les épaulettes trop droites et les côtés trop étroits par en bas.

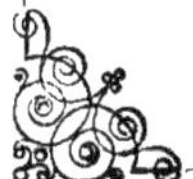
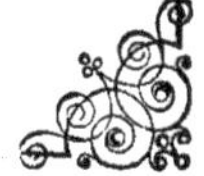

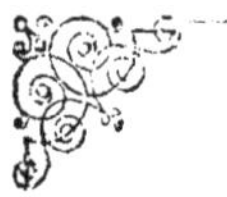
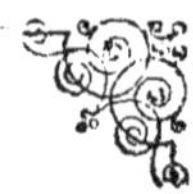

HUITIÈME CHAPITRE.

EMPLOI DES ÉTOFFES. — COUPE DES MANTEAUX. — SOUTANES.

(*Voir la planche* n° 8.)

Emploi des étoffes.

Les tracés de coupe contenus sur la planche n° 8 sont tous réduits au vingtième de leur grandeur naturelle. Ils sont composés de manière à former une collection de placements sur drap et de manteaux de tous genres.

A commencer par les placements sur drap, il est essentiel d'observer que pour couper habilement il ne suffit pas de bien savoir dresser un patron, il faut aussi savoir employer le drap avec économie; éviter les *appièçements* autant que possible, en s'arrangeant de façon que les morceaux qui tombent de côté et d'autre n'en forment qu'un seul.

Les placements sur drap ne peuvent pas toujours se faire de la même manière; la largeur des étoffes, la grandeur et la forme des patrons, et la manière de travailler, exigent que l'on ait différents moyens à sa disposition. Si, par exemple, on veut couper certaines pièces sans en faire les patrons (et cela est facile avec notre méthode), il faut prendre les lignes d'appui contre les bords, et s'arranger pour que le coupon contienne toutes les autres pièces.

Tout cela prouve qu'un placement général n'est pas praticable, et que l'on ne peut ici en donner qu'un aperçu.

Il faut encore remarquer que dans la pratique on abrége beaucoup le travail des patrons; souvent pour les basque, manche, collet et revers, on a deux ou trois patrons de chaque pièce qui servent pour toutes les tailles.

Le premier coupon placé à la gauche de la planche n° 8 est un PLACEMENT POUR LES HABITS. La levée et le tracé se font dans l'ordre suivant :

N° 1. *Dos avec sa basque*. Cette pièce peut se tracer sur mesures, en commençant par fixer la longueur de la basque, puis le cran de la taille, et ensuite l'inclinaison de la couture du dos.

N° 2. *Basque du devant*, réglée avec celle du dos.

N° 3. *Devant* qui se trace sur mesure, et dont le côté peut se rapporter sans changer le devant de place.

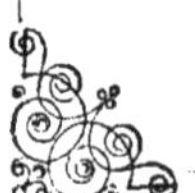
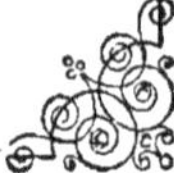

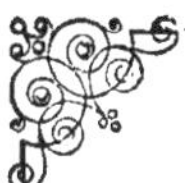
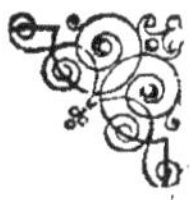

N° 4. *Dessous de manche* à côté de la basque. Son évidure touche à la bande de la basque et au bas du revers.

N° 5. *Dessus de manche* touchant l'épaulette du dos, et au-dessus de laquelle se trouvent les parements.

N° 6. *Anglaise* entre la carrure et le bord du devant.

N° 7. *Dessus du revers*, placé contre la manche.

N° 8. *Parements.*

N° 9. *Dessus du collet* pris en biais.

N° 10. *Doublure des devants* d'une seule pièce.

Les doublures de basque ne sont pas figurées parce qu'elles ne se font plus en drap.

Le deuxième coupon est un placement pour REDINGOTE CROISÉE. La levée est calculée pour que l'on commence en bas du drap, et il n'y a que le dos et la basque du devant qui puissent se faire sans patrons.

Voici l'ordre à suivre :

N° 1. *Basque du devant*, dont l'abattage vaut 16 centimètres.

N° 2. *Chanteau* contre le pli.

N° 3. *Dos* avec sa basque.

N° 4. *Dessus de manche* touchant aux basques.

N° 5. *Dessous de manche* touchant au chanteau.

N° 6. *Parements* entrant dans l'évidure du dessous de manche.

N° 7. Les deux *revers*, ou un seul, suivant la largeur.

N° 8. *Devant*, dont le côté peut se rapporter sans déplacement.

N° 9. Dessus du *collet* pris en biais.

N° 10. *Doublure* des devants.

Le troisième coupon est un placement pour PALETOT. La position des pièces est la même que pour la redingote. Il est inutile de la répéter. On remarquera seulement que la pièce du côté ne peut jamais être mieux placée qu'en la laissant contre le devant, et en la faisant monter dans l'emmanchure, parce que, de cette façon, la pointe du bas ne perd rien sur la longueur, et emploie un morceau qui, autrement, est sans valeur.

Le quatrième placement est pour un TWEED. Le dos, pris en tête, doit pouvoir s'entrecouper dans le devant, et descend plus ou moins suivant la longueur des manches. Or, le métrage ne dépendrait de la longueur du dos que quand le revers est doublé en pareil ou que l'étoffe est étroite, et dans ce cas on emploierait deux fois la longueur entière.

COUPE DES MANTEAUX.

Avant de procéder à l'ordre descriptif des modèles, on doit remarquer que cet article se fait de plusieurs manières : suivant la mode ou la quantité d'étoffe que l'on emploie, et le plus souvent selon le prix que l'on veut y mettre.

Par conséquent le manteau plein ou rond est celui qui se fait le moins, parce qu'il emploie toujours beaucoup de drap et ne peut supporter aucune économie, attendu qu'il n'a que deux quartiers.

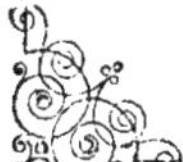
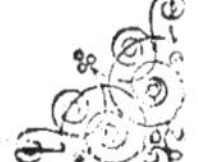

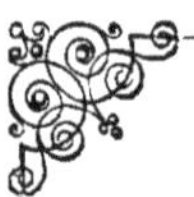
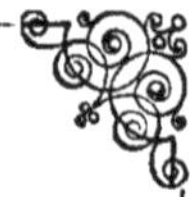

Le manteau châtré, ou manteau cloche, emploie un peu moins de drap, mais il produit de grandes pertes et ne présente des avantages que quand on en coupe plusieurs à la fois.

Le bernous est la forme la plus économique, parce que le dos est en travers, et c'est ce genre de coupe que l'on adopte pour les manteaux d'un prix moyen.

L'évaluation de la quantité des draps peut se faire d'avance avec les mesures, en les prenant dans l'ordre suivant :

1° La *longueur du dos*, que l'on marque sur la jambe, afin que les autres mesures s'arrêtent à la même hauteur.

2° La *longueur du côté* partant du cou, passant sur le bras, et s'arrêtant à la même hauteur que la longueur du dos.

3° La *longueur du devant,* depuis l'encolure jusqu'en bas.

4° La *longueur du collet* par-dessus celui de l'habit.

A défaut de mesures, on peut supposer le côté à 4 centimètres de plus que le dos, et le devant à 8 de moins. Le collet vaut de 28 à 32 centimètres de longueur, suivant le genre de vêtement sur lequel le manteau est porté.

Nous procéderons à la description des modèles dans l'ordre suivant :

La *figure* 5 est le patron d'un BERNOUS, ou *manteau arabe.*

Le dos, mis en travers, et le devant à droit fil, ne produiraient pas assez de largeur sur les épaules, ce qui fait que l'encolure doit être coupée plus grande, et réduite par une pince placée de chaque côté du cou. On peut, dans ces sortes de manteaux, mettre des manches longues et placer l'emmanchure contre le point 26, en la formant par un cercle ayant 12 centimètres de diamètre, ce qui produit un contour de 36, qui s'agrandit par l'effet des biais et de la couture.

La *figure* 6 est une MANCHE VÉNITIENNE, très-large en bas, unie dans le haut, et ouverte jusqu'au coude.

La *figure* 7 est un CAPUCHON applicable à tous les manteaux.

L'encolure a un pli double qui correspond au milieu du dos, et peut, selon sa grandeur, se tracer sur la ligne 10—32, ou sur celle 10—43. La ligne 42—45 est l'ouverture; la ligne 45—0 est la couture du dessus; la ligne 0—45, placée en long, est le milieu du dos.

Les *figures* 8 *et* 9 sont les patrons d'un CAMAIL coupé en deux pièces, qui se fait principalement pour les femmes. Les coutures d'assemblage sont sur le milieu des épaules; l'ouverture pour les bras est à peu près au milieu du devant et à la hauteur du coude.

Les *figures* 10, 11, 12 *et* 13 forment les patrons d'un MANTEAU A MANCHES; c'est à peu près la coupe du garrick ; et presque toujours on y ajoute une pèlerine dont le patron peut se faire avec l'encolure du manteau.

Les *figures* 14 *et* 15 sont dessinées l'une dans l'autre pour tenir moins de place, mais elles sont faciles à reconnaître.

Ainsi le contour du MANTEAU ROND, *figure* 14, est déterminé par la ligne 0—104, pour le devant ; l'encolure est l'arc de cercle passant par

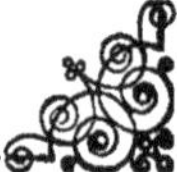

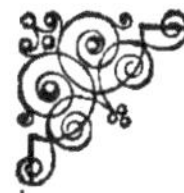
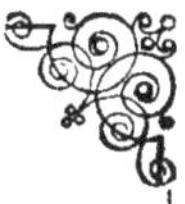

0—8—14; le dos est la ligne 14—124; le contour extérieur est la grande courbe passant par 124—122—104.

L'encolure du MANTEAU CLOCHE, *figure* 15, est par 3—14—10; le dos est formé par la ligne 10—85, qui est en plein biais, et se trace par une ligne droite partant du point 8, passant sur 10, et se prolongeant jusqu'à ce qu'elle continue la longueur du dos.

Dans le TRACÉ DES MANTEAUX RONDS nous plaçons le point 0 en haut du devant, parce qu'on les coupe sans patrons, ou du moins on n'en a que le haut; dans ce cas on marque d'abord la longueur du devant, ensuite on forme l'encolure, puis après on marque la longueur du dos avec la mesure.

Pour tracer le contour extérieur il y a un procédé géométrique consistant à chercher le point de centre par des intersections de cercle, en partant du bas du côté d'une part, du bas du dos de l'autre, et formant deux arcs de cercle qui, se rencontrant dans l'encolure, forment le point de centre de la ligne 124—122. Au lieu de ce moyen on peut tout simplement supposer une longueur moyenne entre le dos et le côté (comme 112 pour 110 de dos et 114 de côté). Le même calcul peut se faire pour la longueur oblique comprise entre le côté et le devant.

Pour évaluer la quantité de drap qui entre dans un manteau plein, on compte : le devant 104, l'ouverture de l'encolure 14, la longueur du dos 110, ce qui fait un total de 2 mètres 28 centimètres qui, multipliés par 2, font 4 mètres 56 centimètres; sur quoi, l'entrecoupe déduite, reste à peu près 4 mètres 30 pour un manteau de cette longueur.

La *figure* 16 est un modèle de COLLET PLAT, sans pied ou montant, ayant la même forme que l'encolure du manteau.

Soutanes.

Les patrons de la soutane se composent des figures, 17, 18 et 19.

Les basques des devants ne sont pas rapportées, et l'on sait que l'aplomb des devants est difficile à obtenir, parce que les basques résistent toujours sur les genoux ; en les rapportant on n'éprouve pas cette difficulté. Dans tous les cas, pour faire le corsage d'une soutane, on prend les mêmes mesures que pour un habit, puis on copie un modèle en le traçant avec les mesures ou avec l'échelle de proportions. Le devant se tracera comme si la basque était séparée; si elle ne l'est pas, on pose le devant sur le drap, de façon à ce que la basque ait une inclinaison à être plutôt trop large que trop étroite par devant. Puis, comme la couture de la hanche ne peut pas se détendre, il faut ajouter un renvoi en bas du côté, ce qui sert à lui donner plus de largeur, mais pourtant ne produit pas le même effet que si la basque était rapportée. La basque du dos contient toute la largeur du drap; sa longueur est de 1 mètre 50 centimètres; le point de départ du dos est placé à la taille, ce qui fait que la longueur est désignée par en haut.

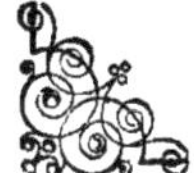

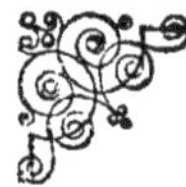
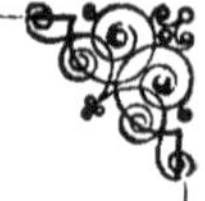

NEUVIÈME CHAPITRE.

COUPE DES PANTALONS. — OBSERVATIONS DIVERSES. — DÉFINITION DU MESURAGE. — MESURAGE DES PROFILS. — PRINCIPE DE L'APLOMB. — POSITION DES PIEDS. — PLACE DES COUTURES. — EFFET DE LA LIGNE D'APLOMB.

(*Voir la planche n° 9.*)

COUPE DES PANTALONS.

Observations diverses.

En considérant les relations qui existent entre un tailleur et ses clients, on trouve en général que peu de personnes savent d'avance ce qu'elles veulent ; on commence toujours par dire : « Faites comme vous voudrez, et pourvu que ce soit bien, je serai content. » Puis, quand les choses sont faites, elles ne conviennent plus, et alors seulement on explique clairement ce qu'on aurait voulu avoir. Or, le point le plus essentiel, quand on reçoit une commande, est de bien s'entendre avec le client sur le genre qu'il désire.

Pour les pantalons surtout, une couture mise à une place plutôt qu'à une autre suffit pour faire croire que le vêtement est gâté, et rien n'est plus difficile à détruire que cette prévention qu'ont beaucoup de personnes qu'une chose manquée de prime abord ne peut pas se réparer.

L'usage de laisser un article pour compte est devenu si commun que l'on ne saurait trop prendre ses précautions contre un pareil abus, car la raison la plus spécieuse sert de prétexte, et l'on semble même ignorer qu'il n'est pas toujours de la plus scrupuleuse délicatesse de le faire. Il y a plus : certains clients se plaisent à donner la même commande à plusieurs maisons, puis ils choisissent ce qui leur convient le mieux : or, sur trois objets commandés, il y en a nécessairement deux qui sont refusés.

Pour en revenir aux pantalons, nous disons donc qu'il est essentiel de savoir expliquer au client la forme qu'on va lui faire, si lui-même n'est pas fixé sur celle qu'il veut avoir.

Il y a pour cet article, de même que pour les habits, certains changements voulus par la mode, puis d'autres motivés par la structure des hommes; ensuite ceux qui sont basés sur des raisons particulières, telles que de monter à cheval, de pouvoir faire des travaux de force sans être gêné, de rester constamment assis à un bureau, etc., ce qui forme le sujet des articles suivants.

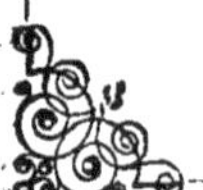
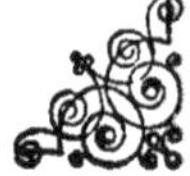

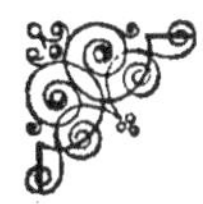
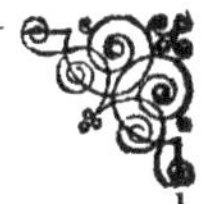

Définition du mesurage.

Les dessins, tableaux et patrons contenus sur la planche N° 9 sont destinés à expliquer le mesurage des pantalons, et à évaluer les surfaces ou profils pour certaines observations relatives à la structure des hommes, à la position des pieds, à la place des coutures, etc.

On commencera donc par remarquer que le *buste figure* 1, et le tableau placé à gauche, sont tous deux pour indiquer le nombre de mesures à prendre, en procédant de la manière suivante :

N° 1. **Longueur du coté**, partant du creux de la hanche, passant sur le côté de la cuisse, appuyant au défaut du genou, et s'arrêtant en bas contre le talon de la botte. Quand la ceinture monte au-dessus de la hanche on doit compter l'excédant à part, sans cela la hanche serait trop haute et le pantalon retomberait dans l'enfourchure.

N° 2. **Longueur du devant**, depuis le haut du pont jusqu'au bas de l'entrejambe; en la prenant il faut appuyer sur le devant de l'enfourchure, dans l'intérieur du genou, et descendre en ligne droite vers la partie la plus creuse de la semelle, qui est communément à 4 centimètres en avant du talon ; cette mesure, que l'on ne prenait que pour les hommes gros, est nécessaire pour toutes les tailles, et l'on verra plus loin qu'elle devient la base du tracé et de l'aplomb des pantalons.

N° 3. **Longueur intérieure de la jambe**, qui se prend en plaçant le bout du ruban en arrière des parties et en descendant en ligne droite vers le coin du talon; on a soin d'appuyer sur l'intérieur du genou. Les jambes ne doivent pas être écartées, mais il faut appuyer fortement par en haut.

N° 4. **Ceinture** comprenant le tour du corps au creux des hanches. La mesure se prend sous le gilet et s'écrit par moitié.

N° 5. **Grosseur sur les hanches**, prise à environ 10 centimètres au-dessous de la ceinture, et donnant généralement le même chiffre que la grosseur de poitrine.

N° 6. **Cuisse gauche**, enfermant les parties, et montant le plus haut possible, sans cependant sortir du creux qui est en arrière de la jambe. Cette mesure doit se prendre juste, n'importe la largeur que doive avoir le pantalon.

N° 7. **Cuisse droite**, montant également dans le fond, et tenue un peu haute sur le côté.

N° 8. **Genou**, largeur prise aisée ou serrée, selon le genre du pantalon. Pour mesurer juste, il faut détendre le pantalon et pincer l'étoffe au point où l'on réunit la mesure, afin que les plis ne gênent pas.

N° 9. **Largeur totale du bas**, portant sur le talon, tournant autour du pied, et venant avancer selon la largeur que l'on veut obtenir. On remarque que cette mesure doit se prendre en tournant le ruban de façon qu'il descende sur les deux côtés du pied ; autrement, si la mesure est prise droite et que le pantalon soit coupé juste, il sera trop étroit.

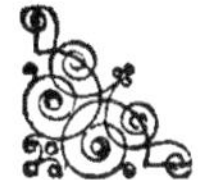
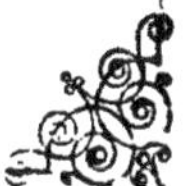

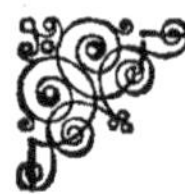
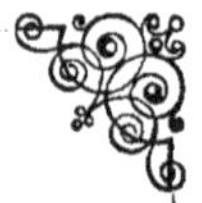

N° 10. **Tour du talon**, mesuré sur la tige de la botte, et non sur le talon, qui va en rétrécissant.

N° 11. **Tour du pied**, pris à la place où vient le devant du sous-pied.

N° 12. **Sous-pied**, ou largeur de son attachement sur le pantalon.

N° 13. **Couture extérieure**, comprenant l'éloignement entre le talon et la couture du côté, ce que nous avons appelé *avançage du côté.*

N° 14. **Couture intérieure**, comprenant la distance depuis le talon jusqu'à la couture de la jambe.

Il y aurait d'autres mesures à ajouter, s'il s'agissait de pantalons collants, de culottes ou de guêtres, mais nous en parlerons plus tard.

Mesurage des profils.

Le mesurage des profils est représenté sur les *bustes figures* 2 *et* 3, et les explications sont notées dans le tableau placé à droite de la planche. Il faut bien remarquer que nous ne voulons pas dire ici que l'on emporte avec soi une règle pour toiser les clients ; ce sont de ces opérations que l'on fait seulement pour se rendre compte des mouvements que produisent certains points, et qui, pour nous, renferment des questions importantes, puisqu'elles donnent la solution des principaux points d'appui qui font la base de l'aplomb des pantalons.

Ainsi, pour l'ÉVALUATION DES PROFILS DU COTÉ, on place une règle contre la jambe, et l'on calcule les distances de la manière suivante :

A. *Creux de la hanche.* Cette distance est grande, comparativement à la règle, quand la hanche est saillante et que la cuisse est ronde sur le côté ; elle diminue quand l'homme est gros et que ses hanches sont plates. Cette mesure prouve que les côtés sont plus ou moins abattus, et que, par conséquent, l'élargissement ou le rétrécissage agit presque tout entier sur les côtés, mais que le derrière ne peut pas être abattu comme le devant parce que le bas des reins n'a pas la même forme, et que l'homme doit pouvoir se baisser sans être gêné dans ses mouvements.

B. *Saillie de la hanche.* C'est presque toujours à 10 centimètres au-dessous de la ceinture que finit la courbure de la ligne, et cela prouve que c'est à cette hauteur que doit se prendre la grosseur dont il a été parlé.

C. *Rond du côté de la cuisse.* Ce point est ordinairement à hauteur de l'enfourchure, et quelquefois un peu plus bas ; il sert à indiquer jusqu'à quel point descend l'abattage de la hanche.

D. *Creux du côté du genou.* Presque tous les hommes ont au moins 2 centimètres de creux dans cette partie ; on en trouve même jusqu'à 4, mais alors c'est que les jambes sont arquées. Le creux à 2 prouve que la plupart des pantalons peuvent être creusés de 2 centimètres, tant au dos qu'au devant, sans altérer l'aplomb ; que même la tension est meilleure en ce que le pantalon suit les mouvements de la jambe sans que sa largeur se porte tantôt en dehors, tantôt en dedans.

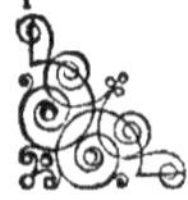
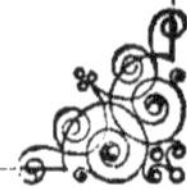

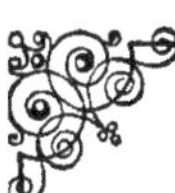
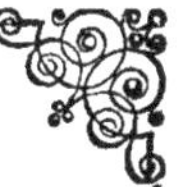

E. *Saillie du mollet*, qui peut faire tordre le pantalon s'il est trop étroit dans cette partie.

Pour le PROFIL INTÉRIEUR, il faut une règle qui puisse toucher dans le fond ; en la plaçant, on remarque que le point F ne rentre que de 1 centimètre, et que la courbe ne s'étend que dans un petit espace; hors cela, tout le dedans de la jambe est droit, s'entend que la règle touche depuis le fond jusqu'au genou, au mollet et à la cheville, ce qui semble prouver que plus un pantalon est droit dans l'entrejambe, plus il est d'aplomb. Nous reviendrons sur cette remarque quand il s'agira du tracé.

G. *Saillie intérieure du mollet*. Le pantalon peut être sujet à tordre s'il manque de largeur dans cette partie. On remarque que la forme des mollets n'est pas égale des deux côtés, c'est-à-dire que le dedans est plus bas que le dehors; comme aussi que le creux du jarret est au-dessous du genou dans l'intérieur, et en face du genou sur le côté.

Pour le PROFIL ÉVALUÉ EN ARRIÈRE, nous ferons les remarques suivantes :

I est le *creux des reins* mesuré à la hauteur de ceinture. Ce point est plus ou moins éloigné de la règle, suivant que la taille est plus ou moins cambrée. La remarque que l'on peut en retirer est que plus les reins sont creux, plus le dos du pantalon doit être long; si, au contraire, la cambrure est droite le dos devient plus court, et comme il faut toujours que l'homme puisse se baisser, il en résulte que, pour ce dernier cas, le pantalon gêne s'il a été coupé pour que le derrière se tende quand l'homme se tient droit. Ainsi le dos du pantalon a besoin d'être aisé à cause des mouvements.

L'espace I—K devrait représenter le *devant de la ceinture*, et par conséquent le diamètre du corps; mais le bras empêche que cette remarque puisse se faire ; elle consisterait à observer que quand le devant avance, il tire sur le pantalon qui peut, par cette raison, être trop court sur le devant.

L est le *rentrage du haut de la cuisse*. Cette partie plus ou moins profonde est cause que le pantalon plisse et tire dans le fond.

M est le *creux du jarret*.

N est la *saillie du mollet*.

O est l'*éloignement du talon*.

Ces trois points joints au rentrage du point 4 démontrent que le profil mesuré en arrière est la partie qui présente le plus d'irrégularité dans la courbure des lignes ; et comme il n'y a pas de coutures dans ce sens, il est clair que pour faire toucher le pantalon dans toute son étendue, il faut donner de la longueur dans le haut, raccourcir la partie qui est au-dessus du jarret, faire ressortir le mollet et rentrer la partie qui touche au talon. Ainsi, quand la ligne O—N incline en arrière, le bas du pantalon recule; et comme ce mouvement est naturel, il en résulte que le sous-pied appuie toujours trop sur le talon, et fait plisser les deux côtés de la jambe.

En résumant ce mesurage des profils, on voit qu'il n'y a que les

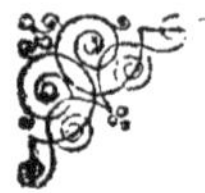
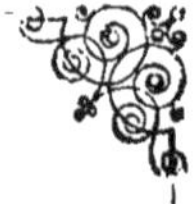

lignes de côté et d'intérieur qui puissent servir de base pour le tracé des pantalons : le côté, parce que le profil ressemble à la coupe d'un pantalon collant, soit pour l'abattage de la hanche, le rond de la cuisse et le creux du côté du genou ; l'intérieur, parce que le profil est droit, et que la couture du dedans peut aussi être tirée en ligne droite. C'est cette dernière raison qui nous a fait dire que plus un pantalon était droit dans l'intérieur, plus l'aplomb était exact, et que c'est par l'intérieur de la jambe que l'aplomb devra se compter, parce que la position du haut du pont, l'ouverture de l'enfourchure, l'intérieur du genou et le bas du dedans de la jambe sont les principaux points d'appui ou de support d'un pantalon.

Principe de l'aplomb.

Nous commencerons par préparer en quelque sorte les éléments du tracé, en examinant quelles sont les proportions résultant de tel point par rapport à tel autre ; quelles sont les différences existant entre chaque genre de pantalon ; quelles sont les mesures qui servent pour tracer le bas des jambes conformément à la mode.

La *figure* 4 est une *échelle métrique* contenant 1 mètre 30 centimètres de longueur, réduite au dixième de sa grandeur naturelle. Cette mesure sert à indiquer que les points de construction des pantalons se tracent par centimètres et que l'échelle des proportions n'est pas employée pour changer leur grandeur, puisque le tracé se fait entièrement avec les mesures.

La *figure* 5 est un *pantalon droit* ou plat, tracé en développement pour indiquer la place de quelques mesures et les fractions qui servent à diviser le pont, le fond, le dedans du genou, etc.

On voit par exemple que la ligne A—B—C—D, considérée comme ligne d'appui, touche contre le haut du pont et partage la grosseur de la cuisse en trois parties, dont les deux tiers servent pour la largeur du pont et l'autre tiers pour la pointe du devant gauche.

Ensuite l'intérieur du genou dépasse d'une valeur égale à la moitié de l'enfourchure (comme 5 1/2 pour 11) ; ou, si l'on préfère, l'espace B—F vaut le sixième de la largeur du devant gauche (à la hauteur E I, bien entendu). Après cela le bas de la couture d'entre-jambe et la ligne d'aplomb sont séparés par un espace de 4 centimètres compris entre les points A—G. La largeur du pont comprise entre les points D—J est égale à la moitié de la ceinture. La largeur G—H dépend de la mesure.

On voit que dans le pantalon plat le devant et le dos sont de même largeur, que ce genre est toujours large du genou quand le côté est droit, et que la hanche ne semble pas abattue, puisqu'il n'y a que très-peu de perte entre le côté du devant et celui du dos.

La *figure* 13 est un *pantalon à guêtre* ou cambré, de façon que le devant est étroit par en bas, le derrière est large et contient les deux attachements du sous-pied, par conséquent les coutures sont en face l'une de l'autre.

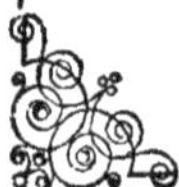
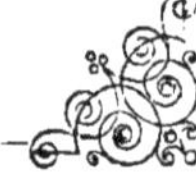

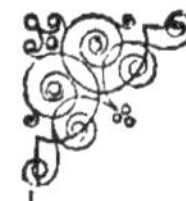
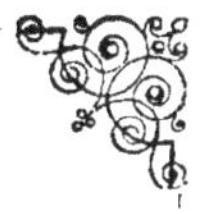

Ce modèle, comparé au pantalon plat, est d'abord plus étroit au genou, et puis la hanche, tout en n'étant pas plut abattue que pour l'autre modèle, forme cependant une plus grande pince, parce que si l'on rapproche les côtés l'un contre l'autre de façon que D—E se touchent et que le point A reste immobile, il en résultera que l'espace B—C augmentera de toute la valeur comprise entre D—E. Ainsi, quand même il n'y aurait aucune séparation entre le côté du pont et le côté du dos, la hanche sera toujours arrondie, tant qu'il y aura du vide entre les points D—E.

Pour preuve de l'abattage des hanches, on pourrait prendre cinq mesures de supplément qui proviennent de quelques planches que nous avons publiées il y a plus de dix ans, ce sont :

1re. *Largeur du pont*, prise par B—J.

2me. *Largeur de l'enfourchure*, prise du côté le plus étroit, partant du point J, passant par F—I, puis continuant par H—C, qui est le haut du côté.

3me. La mesure précédente J—F—I, continuée par H, puis tournant en biais de façon à passer sur la hanche (K) et en haut du pont (J).

4me. *Largeur des devants et dos*, comprise entre F—G.

5me. *Grosseur de la cuisse*, partant du point F, passant par H, revenant sur I et s'arrêtant sur F. Cette mesure est prise de manière à ce que l'on puisse monter le ruban au plus haut point possible.

Si l'on examine la propriété de ces mesures, on voit que la largeur du pont détermine le point d'arrêt de la distance H—C, qu'en y ajoutant la longueur J—F—I on a bien la mesure de l'enfourchure et de la longueur oblique du dos par rapport au fond ou à la hanche, mais cela ne prouve pas que l'on doive ajouter plutôt à une partie qu'à l'autre, et s'il faut, supposons, 46 centimètres de longueur à la ligne H—C au lieu de 43, on pourra tout aussi bien les ajouter au fond qu'à la hanche. On sait néanmoins que le dernier moyen est le meilleur, puisqu'il donne de la longueur pour les mouvements ; on sait aussi que les pinces sont souvent nécessaires, mais que la mesure H—C ne le prouve pas à elle seule. Or, en la faisant passer par H—K—J, le ruban passe sur les deux parties les plus saillantes du corps, et donne par conséquent une largeur suffisante tant sur la hanche que dans le fond ; de cette façon c'est le point J qui soutient les autres mesures, mais l'espace compris entre C—B dépendra toujours de la ligne H—C; seulement, quand l'ouverture deviendra trop forte, on saura qu'il faut une pince dans le haut du dos.

Les proportions de l'enfourchure doivent aussi se déterminer par des mesures; car ici on a cette objection à faire : Pourquoi met-on le tiers de la cuisse pour ouverture du fond, et prend-on le côté le plus large plutôt que l'autre? Rigoureusement on devrait compter par le côté le plus étroit; mais rigoureusement aussi ce n'est ni par l'un ni par l'autre que l'on doit compter, car la ligne d'aplomb passant sur le tiers ne touche que le haut du pont et les évidures s'en écartent ; il faut encore compter que la largeur réelle est le milieu entre les deux pointes. Il

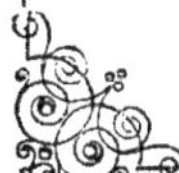
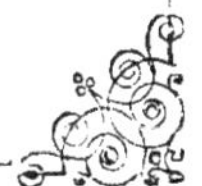

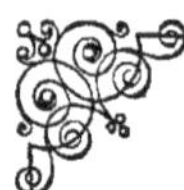
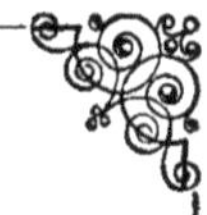

n'y a donc que les mesures qui puissent résoudre cette question, et il est de fait que si de F on prend une mesure qui s'arrête au point G, on aura d'abord le point d'échancrure de la largeur du dos; puis si du même point on dirige la mesure sur H et que l'on tourne par I—F, on aura tout simplement la grosseur de cuisse prise dans la partie la plus élevée; or, la différence entre ces deux mesures sera la véritable ouverture du fond. La même opération faite sur le côté gauche produit presque toujours 4 centimètres de plus, et cela prouve que ce sont les parties seules qui produisent cette différence.

Il n'y a pas de difficultés pour prendre ces mesures, mais il y en a beaucoup pour les appliquer, et surtout pour compter les excédants à laisser pour que le fond soit plutôt aisé que trop juste.

Position des pieds.

Les figures 6, 7 et 8 sont pour évaluer la forme et la position des pieds.

Dans la figure 6, on voit que si le pantalon couvre les deux tiers de la longueur du pied, le bord se trouve à la jointure des doigts; s'il est large, il ne porte que dans le bas; s'il est ajusté, il touche le cou-de-pied, et peut remonter si le devant est trop tendu; il peut aussi être trop étroit et n'entrer que difficilement; il serait bon dans ce cas de prendre la grosseur du pied obliquement comme pour une guêtre, en descendant la mesure au bas du talon.

Pour la position des pieds, représentée figure 7, on voit que l'angle formé par les lignes A—B, A—C peut s'ouvrir ou se fermer (l'ouverture moyenne est de 45 degrés), et que par conséquent les pieds plus ou moins en dehors changent la position du pantalon et le font tordre, tantôt en dehors, tantôt en dedans; cependant les plis partant de l'intérieur du pied sont plus fréquents et prouvent que le bas de l'entrejambe peut avoir une plus grande pointe que celle qu'on ajoutait dans l'ancienne méthode.

Le pied figure 8 indique que plus le bas avance, plus il faut de largeur et de longueur sur le dessus du pied, et c'est pour cela que le devant doit être arrondi.

Place des coutures.

Les figures 9, 10, 11 et 12 sont des modèles de bas de pantalons dressés exprès pour calculer les changements de position des coutures. Ces patrons doivent se faire d'avance, tant pour en calculer le genre que pour donner le modèle à l'ouvrier. C'est avec les mesures prises ou composées que l'on marque la place des sous-pieds, celle des coutures et la largeur entière.

La *figure* 9 est le bas d'un *pantalon droit.* On emploie les mesures en mettant d'abord la moitié du tour du talon entre les points 0—7; puis on laisse la couture du dedans sur le 7, parce que c'est le résultat

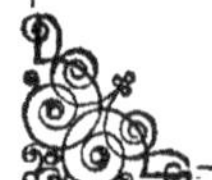
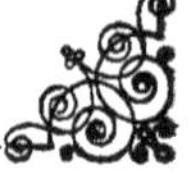

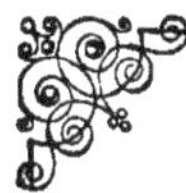
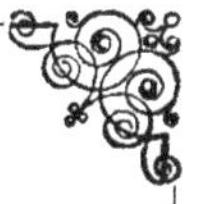

du pantalon plat; après cela on avance la couture du côté sur le point 17, si le sous-pied est supposé avoir 10 centimètres de largeur, ou bien si le côté est tracé à plat comme pour la figure 5.

La *figure* 10 est le bas d'un *pantalon demi-cambré*. La couture du dedans avance de 4 centimètres; celle du côté reste à la même place que pour le modèle précédent.

La *figure* 11 est le bas d'un *pantalon cambré*, c'est-à-dire que les deux coutures sont à 10 centimètres de distance du talon.

La *figure* 12 est le bas d'un *pantalon ayant le côté avancé* vers le dessus du pied. La couture du dedans est à 8 et celle du dehors à 14 centimètres de distance du talon.

C'est donc avec des mesures que l'on doit composer les modèles, et soit qu'on les prenne ou qu'on les suppose, il faut toujours savoir :

1° De combien on veut avancer le côté par rapport au talon.

2° Combien vaut le tour du talon.

3° De combien on doit avancer la couture d'entre-jambe.

4° Quel est la largeur qui reste pour le devant.

5° Quel est l'effet de la ligne d'aplomb par rapport au déplacement des coutures.

Effet de la ligne d'aplomb.

Pour ce dernier article, nous avons de nouveaux renseignements à puiser sur divers modèles. En premier lieu, on a vu que la mesure n° 2, indiquée par la figure 1, devait tomber à 4 centimètres en avant du talon; par conséquent, sa place sur le tracé figure 5 est à 4 centimètres en dedans de la couture d'entre-jambe, vu que cette distance provient d'une mesure qui n'est pas seulement une longueur, mais bien une ligne d'appui (une règle en bois si l'on veut) qui ne doit pas dévier et soutient tout le tracé intérieur du pantalon. Or, il est à remarquer que pour l'entrejambe coupée à plat, la couture intérieure touche au talon, et que la ligne d'aplomb est au point G. Dans le tracé il semble au contraire qu'elle porte sur la partie qui fait le tour du talon, et cela a lieu en effet puisque les pièces sont l'une sur l'autre, mais par le fait elle est à 4 centimètres en dehors du talon quand les coutures sont assemblées.

La ligne d'aplomb reste droite tant que les coutures sont droites; elle se brise jusqu'à certaine hauteur, suivant les crochets que l'on met à l'une ou l'autre partie; ainsi pour la figure 8 au lieu de rester au point 9, elle peut avancer sur le 13; or, elle se brise sur une certaine étendue égale au quart de la longueur de la jambe, mais pour le reste elle conserve sa direction de 4 en avant de l'intérieur du talon, et nous prenons le point d'appui à cette place, parce que le tiers de la longueur du pied est le centre des mouvements de la jambe et de la tension des sous-pieds.

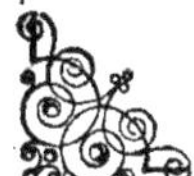
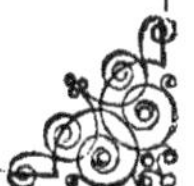

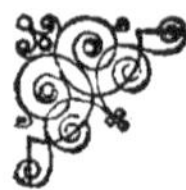
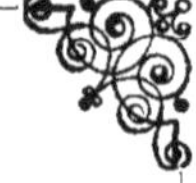

DIXIÈME CHAPITRE.

COUPE DES PANTALONS. — TRACÉ. — DÉFINITION RELATIVE A LA LIGNE D'APLOMB. — PANTALONS DE DIFFÉRENTS GENRES. — CAMBRURE. — TRACÉ SUR ÉTOFFE.

(*Voir la Planche N° 10.*)

COUPE DES PANTALONS.

Tracé.

Nous allons maintenant aborder les plus grandes difficultés qui se rencontrent, non pour l'exécution du tracé, mais pour les principes qui en sont la base, et pour certaines conventions qu'il faut bien admettre, car la pratique et les résultats obtenus doivent compter pour quelque chose dans le principe que nous établissons.

Le pantalon, comparativement à l'habit, présente cette différence que, pour ce dernier, la position d'un point peut toujours se déterminer par une ou plusieurs mesures. Dans le pantalon, au contraire, il y a certains points qui ne peuvent pas se régler : Trouver, par exemple, la place de la hauteur des pattes de dos, est une chose presque impossible et cependant importante. Les mesures ne se soutiennent pas les unes par les autres, et il est de fait que sans l'évaluation des profils, sans l'admission de quelques lignes droites qui mettent les mesures en rapport les unes avec les autres il arriverait, et il arrive même, que les diverses parties d'un pantalon prises séparément sont bien tracées, mais ne s'accordent pas entre elles.

Les conditions d'aplomb du pantalon juste et de celui qui est large ne sont pas les mêmes : le premier s'ajuste selon les formes, l'autre ne porte que sur certains points, et les mouvements le déplacent ; or, étant tenu aisé sur certaines parties, il ne peut manquer d'avoir des plis sur certaines autres. Il y a encore cette complication que, pour passer d'un genre à un autre en prenant un modèle quelconque pour terme de comparaison, tous les changements ne sont pas réciproques, quoiqu'ils devraient l'être; la mode et la manière de faire travailler sont cause que ce qui va pour l'un ne va pas pour l'autre.

Ainsi, pour définir la coupe des pantalons de tous genres, nous commencerons par expliquer à fond le TRACÉ DU PANTALON DROIT FAIT AVEC LES MESURES.

Il est essentiel, pour bien comprendre ce tracé, de se rappeler que les points de construction sont tous donnés par des mesures ou des frac-

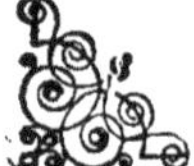

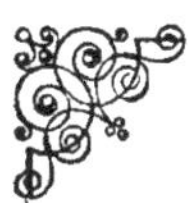

tions de mesures prises sur l'homme ; ainsi, ils peuvent tous varier par les quantités, mais le principe doit être le même, et pour que l'on ne se méprenne pas sur cette question, nous avons porté à la gauche de la planche deux descriptions abrégées, contenant la manière d'exécuter le tracé. L'une est expliquée par centimètres, et semble ne pouvoir se pratiquer qu'avec les mesures notées sur le patron, ce qui ne produirait qu'un seul modèle ; l'autre est expliquée par des lettres, et devient, au contraire, un principe général applicable à toutes les tailles, vu que les proportions grandissent ou diminuent suivant la valeur des mesures ; et l'on sait que nous n'employons presque jamais d'échelles de proportions pour changer leur grandeur. Malgré cela, on remarquera que les cinq modèles qui sont dans le haut de la planche dérivent des mêmes mesures, et sont par conséquent pour la même taille. Dans le fait, du moment où l'on conçoit bien l'exécution des modèles de plusieurs genres pour une seule personne, il n'est pas difficile de faire les autres.

Maintenant, pour l'explication du tracé sur mesure désigné par centimètres, il faut voir en même temps les notes portées dans la colonne d'observations et chercher la place des mesures sur la figure 1, puis étudier le tracé de la manière suivante :

Le zéro placé en bas du côté est le point de départ ; il se place ainsi parce que souvent on n'a besoin que des points qui donnent la forme du bas de la jambe.

0—108 est la longueur du côté mise sur le bord de l'étoffe ; il faut quelquefois la réduire un peu, parce que la courbe de la hanche rend le côté plus long.

0—84 est la longueur de la jambe, ou entrejambe, mise sur le côté ; quand le fond est large il faut un peu diminuer la longueur, parce que la mesure portée dans l'intérieur prend une position oblique et devient plus longue.

0—42 est la moitié de la jambe mise sur le côté à l'effet de déterminer la position intérieure du jarret.

0—24 est la largeur du bas ; on a mis ce chiffre parce que l'on fait les pantalons larges et que les coutures sont à déduire sur cette quantité.

20—24 est un espace de 4 centimètres pour la séparation qu'il y a entre la ligne d'aplomb et le bas de la couture d'entrejambe.

42—21 est un point donné par la ligne d'aplomb, et cette largeur ne compte pas.

21 - 26 1/2 est le sixième de la cuisse, c'est-à-dire que la position intérieure du genou se compte à partir de la ligne d'aplomb, et que cette proportion est la même que si l'on comptait la moitié du fond, car l'espace compris entre 22—33 étant de 11, il est clair que la moitié de 11 est de 5 1/2. Cette manière de compter est beaucoup plus simple que l'autre et produit le même résultat.

84—33 représente le fond ou la moitié du contour de la cuisse

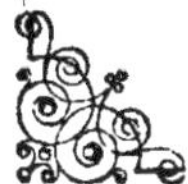
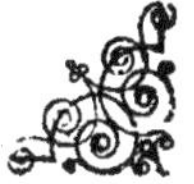

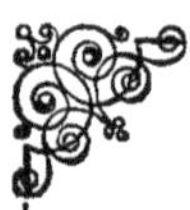
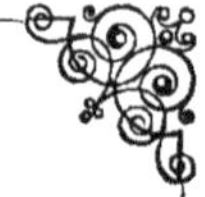

gauche, et cette mesure est appliquée sans exception, parce que le devant n'est dédoublé ni en dedans ni en dehors.

84—22 contient les deux tiers de la cuisse; autrement dit, cet espace est pour la largeur du pont.

22—33 est le tiers de 33, c'est-à-dire l'ouverture du fond.

31—33 est le rétrécissage que l'on fait au devant droit. Cet espace peut varier, quoique, pour la direction des lignes, il soit essentiel de toujours compter une séparation de 2 centimètres, parce que la couture d'entrejambe s'appuie sur ce point.

22—6 est une largeur oblique qui détermine l'évidure du côté gauche, et vaut un peu plus de la moitié de l'enfourchure.

22—3 est le côté droit, que l'on évide moitié plus que l'autre.

22—9 est le creux du dos, réglé sur une proportion moyenne. On peut, pour les pantalons à la hussarde, creuser jusqu'au point 6. Pour les pantalons qui sont très-larges dans le fond, on peut aller jusqu'à 12; mais alors il faut agrandir la pointe, afin que la couture du fond soit toujours creusée dans la même proportion, sans cela le fond gênera tout en étant très-large.

108—22 1/2 est le haut du devant du pont. Ce point ne se marque pas, il est simplement le résultat de la ligne d'aplomb, qui, passant par les points 20—21—22, vient naturellement s'arrêter en haut du pont.

3 1/2—22 1/2 est la moitié de la ceinture (comme 19 pour 38) placée entre ces deux chiffres. Son point de départ est sur le devant, et, par cette raison, le haut du côté peut être plus ou moins abattu, suivant la grosseur de la ceinture. Par exemple, avec 33 de grosseur de cuisse on trouve des ceintures qui varient de 32 à 50; or, comme le devant du pont ne varie que de 1 centimètre en dedans de la ligne d'aplomb pour les ceintures minces, et de 1 centimètre en dehors pour celles qui sont fortes, il en résulte que tous les changements de largeur se font par les côtés.

Maintenant nous devons, pour l'explication du TRACÉ SUR MESURE DÉSIGNÉ PAR LETTRES, *pour s'appliquer à toutes les tailles*, voir la figure 2, qui, par parenthèse, est réduite aux deux tiers de l'autre sans que cela ait d'importance, puisque c'est un principe général pouvant se faire avec telles mesures que ce soit. On devra donc, pour en faire l'application immédiate, procéder dans l'ordre suivant :

A—B côté, A—C entrejambe, A—D moitié d'entrejambe.

Tirer ensuite une ligne sur chacun de ces points; puis mettre :

Sur C—E la cuisse gauche.

Sur E—F le tiers de la largeur précédente.

Sur E—G le rétrécissage pour le côté droit.

Sur C—F les deux tiers pour largeur du pont, qui sont déjà marqués.

Sur A—H la moitié de la largeur du bas.

Sur H—I un espace de 4 centimètres pour le point d'aplomb.

Puis, tirer la ligne droite I—J—F—L.

Ensuite mettre sur J—M la moitié de F—E.

H—M sera une ligne droite, du bas au dedans du genou.

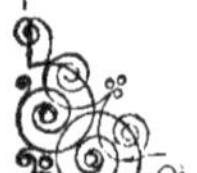
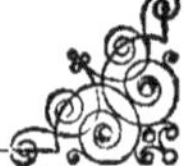

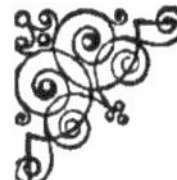
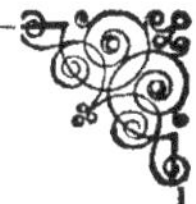

M—G une autre ligne droite du genou à la pointe droite.

N—E sera une troisième ligne droite partant du quart de l'enfourchure et venant à la pointe gauche.

F—O sera la moitié de F—E.

Et enfin F—P égale la moitié de F—O.

Les conclusions que nous avons à retirer de tout ceci sont : d'abord, que pour des pantalons de ce genre la couture d'entrejambe touche au talon de la botte, du moment où la ligne d'aplomb est à 4 centimètres en dedans. Comparativement aux anciens tracés où l'on ne comptait que 2, mais aussi où la couture d'entrejambe était droite, on trouverait le même point pour l'intérieur du genou, et un élargissement de 2 centimètres par en bas, finissant à la moitié de l'entrejambe.

Définition relative à la ligne d'aplomb.

La séparation entre I—H, figure 2 (ou bien 20—24, figure 1), est le résultat des raisons suivantes : Si, par exemple, la forme ou la localité des étoffes ne forçait pas à commencer le tracé par le côté, nous dirions : Faites la ligne d'aplomb en premier ; portez la longueur du côté sur I—L, qui serait le devant du pont ; mettez la longueur de l'entrejambe sur I—F, et la moitié de cette mesure sur I—J ; puis, sur chacun de ces points tirez une ligne droite coupant exactement la ligne d'aplomb à angle droit, et n'ayant provisoirement pas de longueur déterminée.

Ce commencement de tracé ainsi disposé formera naturellement deux sections, l'une de droite, l'autre de gauche.

Pour la section de gauche : L—R est le quart de ceinture ; F—C les deux tiers de la cuisse ; J—D une largeur qui dépend du creux que l'on fera sur le côté du genou ; I—A résultat de la mesure, et pouvant varier comme on le verra pour les modèles décomposés.

Pour la section de droite : F—E est le tiers de la cuisse ; J—M la moitié de cette proportion ; I—H séparation de 4, qui, dans les modèles suivants, est cause que la ligne d'aplomb tombe toujours à 4 centimèmètres en dedans du tour du talon, à partir de l'intérieur.

Maintenant, observons que le seul changement que nous ayons fait comparativement à l'ancienne méthode consiste uniquement à avoir élargi le bas de l'entrejambe de 2 centimètres, et cela vient de ce que l'on a observé que les principaux dérangements produits par le mouvement des jambes agissent sur le fond et en bas de l'entrejambe. Supposez, par exemple, que le genou porte au point 10 (figure 1), et tire en même temps sur la ligne 10—35 et sur la ligne 10—24, il en résulte que les plis qui se forment obliquement depuis le genou jusqu'en bas du dedans semblent provenir de ce que le bas de l'entrejambe n'est pas assez large ; et c'est ce qui avait lieu quand, par exemple, la ligne d'entrejambe était tirée droite par 31—26 1/2, et s'arrêtait, par conséquent, au milieu des points 20—24, qui est 22. Donc c'est un élargissement de 4 centimètres que l'on a fait au bas de l'entrejambe sans changements à l'intérieur du genou.

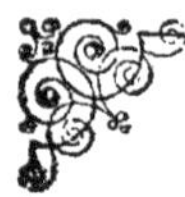
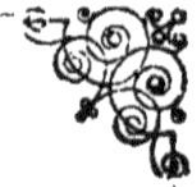

Cette augmentation de largeur intérieure a souvent été faite sur nos planches, mais sans en définir la cause, et c'est seulement après plusieurs expériences que nous avons admis en principe que, puisque nous faisions cette exception pour les pantalons sans sous-pieds, nous devions aussi en faire l'application aux modèles de tous genres, considérant que le sous-pied ne doit en aucune manière altérer la forme du pantalon.

Une autre considération qui n'a pas d'importance pour les deux modèles que nous venons d'expliquer, mais qui en a beaucoup pour les suivants, c'est la séparation comprise entre les points S—T, figure 2. Il est clair que le point T est bien le résultat de la ligne droite tirée par H—M ; que la largeur de cette partie sera toujours la même tant que l'on aura, par exemple, 5 1/2 entre les points J—M et 4 entre I—H, ce qui fera 4 3/4 pour le milieu ; mais du moment où l'on déplacera la couture d'entrejambe pour l'avancer (soit à 4 de distance de l'intérieur du talon), l'élargissement appliqué au dos nécessitera un rétrécissage au devant.

Pantalons de différents genres.

Ainsi, remarquez que pour le PANTALON DEMI-CAMBRÉ, *figure* 3, si l'on tire la ligne d'entrejambe du devant par les points 20—25 1/2—31, on perdra 1 centimètre à la hauteur 42, 2 centimètres 3/4 environ à la hauteur 21, et 4 en bas. Or, pour que la largeur reste la même, il faut que ce qui manque au devant soit ajouté au dos ; et, en effet, la ligne 28—27 3/4—27 1/2 reproduit exactement ce qui manque au devant ; donc il ne reste nul doute que l'aplomb et la largeur ne soient les mêmes que pour un pantalon plat. Mais si le devant et le dos sont tous deux en ligne droite jusqu'à la hauteur du genou, il n'y aura pas de cambrure possible ; l'entrejambe sera seulement dédoublée, et le côté restera à plat comme pour la figure 1re. Ce principe est exact quant au dédoublage, et l'est aussi quant à la ligne d'aplomb, qui doit toujours tomber à 4 centimètres dans le tour du talon ; il l'est encore quant à la ligne d'entrejambe du devant, qui doit toujours se réunir en bas, au même point que la ligne d'aplomb, pour tous les modèles de genre.

Or, pour ne pas sortir de ces conditions, et pour obtenir la cambrure, il faut qu'il y ait une sorte de contradiction entre les deux parties, consistant à ce que l'une soit droite et l'autre creuse. Donc, il faut pour cela que la ligne du devant soit d'abord tirée droite, puis que l'on y ajoute, en forme de crochet, une ligne cintrée partant du point 24 et s'arrêtant sur la ligne droite à la hauteur 21, qui représente le quart de la longueur de l'entrejambe. Il est entendu que cette partie a besoin d'être redressée par un tendage ; autrement elle formerait une espèce de soufflet dans l'intérieur du pied, et ne prendrait pas pour cela la forme du cou-de-pied. Il est entendu encore que ce crochet de 4 centimètres, ajouté seulement au devant, ne dispense pas d'en mettre au dos ; quelquefois aussi on en met la moitié à l'un et la moitié à l'autre, suivant

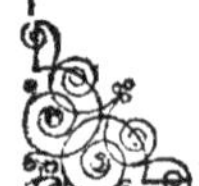
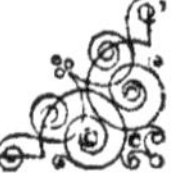

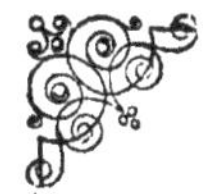
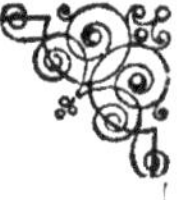

l'avançage des coutures. Enfin il y a de ces décompositions que l'on retrouvera dans les modèles, et qui s'expliqueront d'elles-mêmes.

La *figure* 3 contient les mêmes mesures que la figure 1; or il est inutile de répéter le détail du tracé, et d'ailleurs, pour lever un modèle, il n'est pas nécessaire d'en comprendre le principe, tout le monde peut faire cela rien que par la lecture des chiffres. Au besoin, quand on a tracé le dos et le devant ensemble, on repique le devant sur une feuille séparée.

Cela dit, remarquez que c'est pour le bas de la jambe seulement que la largeur est décomposée, et pour ce pantalon que nous avons appelé *demi-cambré*, la distance de la couture du côté au talon est de 10 centimètres; le tour du talon est de 14, et l'avançage intérieur de 4; puis, comme l'espace 24—28 est une augmentation à la largeur primitive, qui est de 48, les 4 centimètres ajoutés dans l'intérieur du dos sont retranchés au côté du devant; ce qui peut se résumer en disant que chaque fois que l'on élargit le derrière par l'entrejambe on rétrécit le devant par le côté. Ce genre de coupe peut, d'après le nouveau principe que nous avons adopté, tomber naturellement sans sous-pieds, sans pour cela y faire aucun changement. On voit que les crochets ajoutés sont appliqués au-devant par l'entrejambe et au dos par le côté. On voit aussi qu'il y a une ligne pointée partant de 10 et s'arrêtant au point 84; elle est pour indiquer le renvoi qu'il faut donner au dos dans le haut du côté; cela veut dire que si le côté restait sur la ligne droite 0—84—108, le dos manquerait de largeur dans le haut, et pourrait: ou avoir des plis sur le côté de la cuisse, ou être trop court dans le fond. Ce renvoi se trouve (et par hasard) déterminé par un point fixe qui est la marque de l'extérieur du sous-pied, n'importe l'avançage du côté.

En ressortant le haut du côté il semble qu'il faille mettre un chanteau, mais dans le tracé sur étoffe cela n'a pas lieu, puisque la ligne de construction du derrière touche à la pointe du devant, et que le renvoi trouve sa place dans l'espace qu'il y a entre le pont et le côté du dos.

La *figure* 4 est un PANTALON CAMBRÉ coupé de façon à ce que les deux coutures se trouvent en face l'une de l'autre, quand la jambe est ployée en deux par le milieu du talon. Cette forme est celle qui va le mieux, et elle s'explique par la disposition des chiffres; ainsi, 0—10 est pour l'avançage du côté; 10—24 est le tour du talon; 24—34 est l'avançage intérieur, qui est égal à celui du côté; 10—20 forme la largeur du devant, mais seulement pour la direction des lignes droites, car il y a 2 centimètres d'ajoutés en forme de crochets; ce qui fait que la largeur réelle du devant est de 14, compris entre 8—22.

En comparant ce modèle au précédent on trouve que le crochet compris entre 28—34 est ajouté au dos, mais que la largeur du pantalon plat est conservée à la hauteur 21. La couture du côté du devant passe par 10—5—84, et produit par conséquent un rétrécissage au genou, qui s'opère par l'effet des lignes droites. On a fait une petite barre à la

11

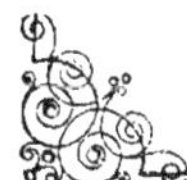
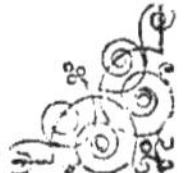

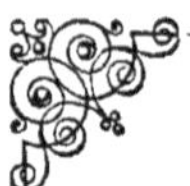
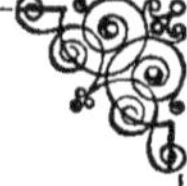

hauteur 84, pour démontrer comme quoi, si l'on tient le devant plus étroit, supposons de 2 centimètres, il faudra élargir le dos de la même valeur, ce qui fera une séparation de 4 entre les deux coutures, et que nous appelons *dédoublage* ou côté avancé.

La figure 5 est un PANTALON DÉDOUBLÉ, et, en conséquence, la largeur du fond est augmentée, ainsi que la largeur du pont. Ce dédoublage du côté est appliqué du haut en bas, mais il pourrait être parallèle entre le genou et la hanche, si l'on creusait le côté du dos de 2 centimètres à la hauteur 42.

Le bas de jambe de ce modèle est divisé de la manière suivante : 0—12 est l'avançage du côté; 12—26 est le tour du talon; 26—34 est l'avançage intérieur. Le devant a 12—22 pour côté et dedans, mais il est aussi élargi de 2 centimètres de chaque côté, et il a, par conséquent, la même forme que le précédent; mais, étant assemblé, les deux coutures ne se trouveront pas de face, attendu que le côté avance à 12 et l'entrejambe à 8; donc, pour rentrer le devant, il ne faudra pas le ployer en deux par le milieu, et il y a pour cela une gradation que nous expliquerons plus loin.

La figure 6 représente un PANTALON A COUTURES AVANCÉES OU DEVANT ETROIT, c'est-à-dire que le derrière fournit dans le fond et sur le côté. Pour ne pas se tromper dans le dédoublage intérieur, il faut bien se rappeler que, si l'on comptait le tiers (11) de la cuisse pour l'ouverture de la fourche du devant gauche, et que l'on tienne la pointe du dos de 3 centimètres plus large (14), cela formerait un total de 25. Ainsi, pour que ces deux largeurs se reproduisent tout en tenant le devant plus étroit et le fond plus large, on comptera que, comme il n'y a que 9 centimètres entre 24—33, il faut nécessairement qu'il y en ait 16 entre 24—40. Pour la partie la plus creuse du fond, le moyen le plus simple est de mesurer la distance oblique à 9, comme pour la figure 1. Pour la position intérieure du genou c'est de marquer exactement le sixième en dehors de la ligne d'aplomb, et d'élargir le dos d'une valeur égale à ce qui manque au devant. On peut aussi compter que le total à partir de la ligne d'aplomb est de 11 entre les points J—M, figure 2.

Le bas de jambe de la figure 6 est divisé de la manière suivante : 0—14 est l'avançage du côté; 14—28 est le tour du talon; 28—34 est l'avançage intérieur; 14—24 est la largeur du devant, à laquelle il faut ajouter 4 centimètres pour le crochet intérieur.

A juger la position de ce devant, il semble se jeter en dedans; mais il se redresse par le travail, et puis il peut aussi se placer différemment sur l'étoffe. On remarquera encore que, pour le cambrer, il se ploie sur le tiers de sa largeur sans compter le crochet.

Cambrure.

Nous avons, pour les crochets, une gradation à établir; car, d'après les différents tracés que nous venons de parcourir, on voit qu'à la figure 1 il n'y a de crochet d'aucun côté.

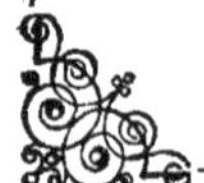

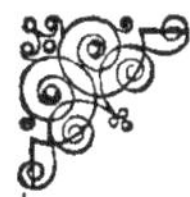
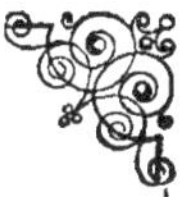

A la figure 3, il y en a un sur le côté du dos et un en bas de l'entrejambe du devant.

Aux figures 4 et 5, les dos et devant ont des crochets semblables, tant pour le dehors que pour le dedans.

A la figure 6, le dos a un crochet de 6 centimètres dans le côté, et de 2 en dedans; puis le devant est droit dans tout le côté, et il a un crochet de 4 centimètres en bas de l'entrejambe.

Ces différences sont notables quant au principe, et l'on se rappelle ce qui a été dit au sujet des divers moyens de cambrer la jambe du pantalon.

Le premier est que, avec la couture d'entrejambe peu avancée en raison du talon, on peut, en tenant le dos droit et le devant cintré, obtenir un renvoi qui fera cambrer le devant quand les coutures seront assemblées.

Le deuxième moyen est qu'en ne mettant que très-peu de crochets à chaque couture du devant, on peut obtenir une cambrure facile à travailler, qui ne nécessite que très-peu de tendage au devant, pourvu que l'on avance les coutures de façon à ce qu'elles se trouvent en face du cou-de-pied.

Enfin le troisième moyen est de tenir le dedans de la jambe droit comme un pantalon plat; d'avancer la couture du côté en dessus du pied, en tenant le devant plus étroit et le derrière plus large; puis cintrer l'une des deux parties de façon à ce qu'elle forme le gousset; on peut même les cintrer toutes deux.

Pour cette gradation il est donc à remarquer que, passé une certaine distance, le devant ne peut plus contenir le même crochet, car à mesure que la couture d'entrejambe avance le dos fait crochet à son tour, par la raison que l'on ne peut pas sortir de la largeur produite par la ligne droite du pantalon plat, qui est la ligne H—T—M de la figure 2.

D'après ceci, le coin du devant peut rester sur le point 24 de la figure 3, parce que le dos n'avance que de 4 et qu'il est droit.

Le coin du devant peut se diminuer de 2 centimètres pour la figure 4, parce que le dos avance de 10 et qu'il a 6 centimètres de crochet.

Le coin du devant de la figure 5 peut aussi se diminuer de 2, parce que le dos avance de 8 et qu'il a un crochet de 4 centimètres. C'est néanmoins pour ce genre mixte que l'on a eu quelques retouches en ne donnant que 2 centimètres de crochet au devant; cependant, en comptant les crochets à 4 pour le dos et 2 pour le devant, c'est comme si l'on mettait un gousset de 6 centimètres au bas de l'entrejambe.

Il reste à considérer que le crochet intérieur mis d'abord à 4 devient nul quand on le redresse, perd même si l'étoffe est assez souple pour que le devant rentre de façon à ce que la ligne qui était creuse devienne ronde et s'emboîte à plat contre la couture du derrière.

Le coin du devant de la figure 6 reste sur la marque du talon, parce que le dos avance à 6 et qu'il a un crochet de 2 centimètres; si on le compte avec celui du devant, cela fait encore une sorte de gousset de 6 centimètres; mais, par la manière de détendre le devant, il doit se

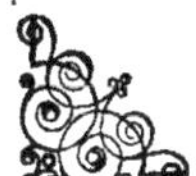

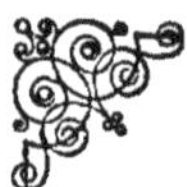
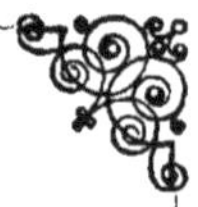

redresser et même s'arrondir de façon à poser à plat contre le dos.

Voilà pour les questions principales relatives au tracé et à la position des devants par rapport aux dos.

Tracé sur étoffe.

Actuellement, observons que les quatre modèles représentés par les figures 3, 4, 5 et 6 sont des tracés d'ensemble dans lesquels on fait le dos et le devant en même temps. Mais pour la mise en pratique il ne peut pas en être ainsi, vu que chaque pièce doit se faire séparément, en commençant par le devant et s'en servant pour former le dos; c'est pour cela que l'on a mis en dessous les mêmes tracés séparés, applicables sur étoffes et réduits au vingtième. De cette façon les patrons n°s 1 et 2 sont pour la figure 3; les n°s 3 et 4 sont pour la figure 4; les n°s 5 et 6 sont pour la figure 5; et les n°s 7 et 8 sont pour la figure 6.

Dans ces sortes de placements, les pièces sont toutes posées dans le même sens, savoir : le côté des devants est contre le bord de l'étoffe, et le côté des dos est contre les pointes des devants; c'est le meilleur moyen pour ne rien perdre sur la largeur, et pour donner autant de renvoi que l'on veut dans le haut des côtés.

Le tracé fait ainsi se simplifie de beaucoup, et ne demande plus que très-peu d'explications, dont voici le contenu :

Il faut d'abord faire les devants seuls; puis, lorsqu'ils sont tracés, on regarde si l'étoffe est assez large pour contenir le dos sans mettre de pièces dans le fond, et suivant les circonstances, on porte la ligne du côté un peu en dehors de la pointe gauche, quand l'étoffe est assez large pour permettre de laisser de la couture dans le côté; si elle ne l'est pas, on l'appuie contre la pointe gauche; si elle est trop étroite, on met une pointe au côté le plus large; autant que possible, il ne faut en mettre qu'à un côté, quitte à ce qu'il y ait des pièces au dos. Dans tous les cas, lorsque le point de départ de la largeur du derrière est arrêté, on reporte la même distance en bas de l'étoffe, soit 33 entre les deux points zéro; puis on marque la division par 0—4—10—20—24—28, tels qu'ils sont indiqués pour le dos n° 2, et l'on place le devant sur les points d'appareillage, qui sont, d'une part, le point 20 pour la pose de la ligne d'aplomb, en comparaison du tour du talon; de l'autre, le côté de la cuisse à hauteur d'enfourchure, quand les côtés ne sont pas dédoublés.

Comme les dos des petits modèles n'ont pas d'autres points de construction que ceux du bas de la jambe, il convient tout autant de faire les devants seuls et de se guider sur les figures 3, 4, 5 et 6 pour tracer les dos avec les devants.

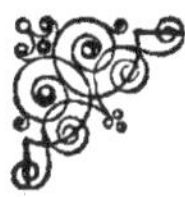

ONZIÈME CHAPITRE.

COUPE DES PANTALONS.— MANIÈRE DE FAIRE CAMBRER LE BAS DE LA JAMBE. — BASE DE L'APLOMB ET DU TRACÉ. — APPRÊT ET CONFECTION. — MODÈLES DIVERS. — GUÊTRES. — CULOTTES. — EMPLOI DES ÉTOFFES.

COUPE DES PANTALONS.

Manière de faire cambrer le bas de la jambe.

Ce travail consiste à savoir que :

1° Chaque fois que les coutures ne sont pas en face l'une de l'autre, le devant ne doit pas se ployer sur le milieu de sa largeur.

2° Chaque fois aussi que le devant a plus de crochets d'un côté que de l'autre, il ne peut pas se ployer par le milieu, lors même que le dos serait coupé de façon à ce que les coutures fussent à la même distance du talon.

3° Un bas de pantalon ne peut se cambrer que quand il y a contradiction entre les parties adhérentes, c'est-à-dire lorsque les coutures des dos et devant, au lieu de poser à plat l'une contre l'autre, forment ce que nous appelons un *renvoi*.

L'endroit où doit ployer le devant, en comparaison de ses crochets et de l'avançage des coutures, est défini par les figures 1, 3, 4, 5 et 6 de la planche précédente, sur laquelle on remarquera que, pour le pantalon plat, le milieu du cou-de-pied est au point 7, mais que ce modèle ne peut pas se cambrer.

Pour le pantalon demi-cambré le milieu du cou-de-pied est au point 11, et le devant peut se cambrer en ne tendant que le bas de la couture intérieure.

Pour le pantalon cambré le milieu du cou-de-pied est au point 15, qui est la moitié de largeur du devant. Celui-ci doit se ployer en deux et se détendre également des deux côtés.

Pour le pantalon dont le côté est avancé, le pli de rentrage est au point 16, c'est-à-dire un peu de côté, et, dans ce cas, le devant est plus fortement tendu en dedans qu'en dehors.

Pour le dernier modèle, le pli de rentrage est au point 17, et il se trouve placé au tiers de la largeur du devant, moins la saillie du crochet qui est en bas de l'entrejambe.

Il y a donc quatre modèles sur cinq dont les devants peuvent se rentrer, et cette opération est expliquée par les figures de gauche de la planche n° 11.

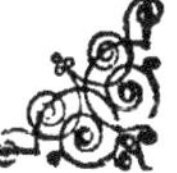

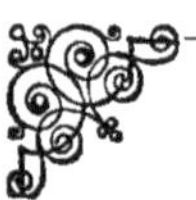

Les *figures* 1, 2 représentent le bas des dos et devant du pantalon *demi-cambré*, celui dont le côté avance de 10 centimètres à partir du talon, et dont l'entrejambe avance de 4; il est entendu que ce modèle et les suivants doivent être reproduits en grandeur naturelle. Pour en faire le *ployage* on met d'abord les deux marques du sous-pied l'une sur l'autre, et il en résulte que la couture d'entrejambe est au point 11, et celle du côté au point 17. Pour trouver le pli du devant, on met d'abord les lignes d'entrejambe l'une contre l'autre aux points A—A, puis on reploie le patron de façon que les lignes de côté se réunissent aux points B—B; et il en résulte que, comme le pli n'est pas au milieu, le dedans doit être plus fortement tendu que le dehors; par conséquent, pour le cambrer, il faudra tendre obliquement à partir du point O, afin de changer la forme des coutures, et faire en sorte qu'elles s'emboîtent à plat contre celles du dos.

Les *figures* 3, 4 sont les deux pièces d'un pantalon *cambré* régulièrement, dans lequel ces deux coutures sont en face l'une de l'autre, et dont la cambrure s'obtient en tirant le devant d'une valeur égale de chaque côté.

Les *figures* 5, 6 sont pour un pantalon ayant le *côté avancé* de 12 centimètres, et le dedans de 8. Dans ce modèle, les coutures ne sont plus de face, et le dedans est plus détendu que le dehors.

Les *figures* 7, 8 sont pour un pantalon ayant le *côté avancé* de 14 centimètres, et l'entrejambe de 6. La différence des avançages fait que le pli du devant ne porte que sur le tiers de la largeur, et que le tendage intérieur est beaucoup plus fort que celui du côté; nous le répétons, on tire obliquement, de façon à faire prêter le biais de l'étoffe et arriver par degrés à lui faire prendre la forme du dos.

Base de l'aplomb et du tracé.

Avant de procéder à la description des divers modèles, tels que pantalons à la hussarde, à plis, à pieds, etc., il est important de revenir sur les éléments qui sont la base de l'aplomb et du tracé; et nous avons déjà dit, sur ce sujet, que si la forme et l'emploi des étoffes ne forçaient pas à commencer le tracé par le côté, nous dirions : Faites la ligne d'aplomb en premier, et cette ligne déterminera d'elle-même les deux sections qui composent un devant de pantalon. En continuant d'envisager le principe de cette manière, on verra que la ligne de construction de la *figure* 9 est faite sans égard au bord de l'étoffe ni aux pertes qui peuvent avoir lieu, et qu'elle partage en effet le devant en deux sections.

Le tracé se fait de la manière suivante :

La longueur du côté se met entre 0—108; la longueur d'entrejambe entre 0—84; la moitié de 84 entre 0—42; la moitié de 42 entre 0—21; les trois quarts de 84 entre 0—63.

La *section de gauche* contient toutes les largeurs qui touchent au côté.

La première est le quart de la ceinture placé entre 108—19. Le pont peut se faire plus étroit si la couture avance.

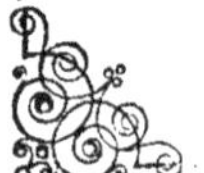

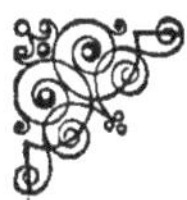

La deuxième largeur est les deux tiers de la cuisse mis entre 84—22. Cette partie peut se faire plus étroite si le derrière fournit, et plus large si le devant est à plis ou à la hussarde.

La troisième largeur, comprise entre 63—21 1/2, ne s'emploie que pour les pantalons collants.

La quatrième largeur se met entre les points 42—21, et elle atteint presque toujours la ligne du côté.

La cinquième largeur, comprise entre 21—20 1/2, ne se marque pas.

La sixième largeur, comprise entre 0—20, est le résultat de la mesure, qui, dépassant de 4 centimètres à la droite de 0, peut varier suivant la largeur.

Pour la *section de droite*, la première largeur comprise entre 84—11 est le tiers de la cuisse. Le point 9 est un rétrécissage de 2 pour le côté droit.

La deuxième largeur, comprise entre 63—7 1/2, est le résultat d'une ligne droite.

La troisième largeur, comprise entre les points 42—5 1/2, contient la moitié de l'ouverture du fond.

La quatrième largeur, entre 21—4 3/4, est le résultat d'une ligne droite.

La cinquième largeur, comprise entre 0—4, est la séparation existant entre la couture et la ligne d'aplomb pour que, d'une part, le bas soit en rapport avec l'intérieur du genou, de l'autre, pour que la position du pont soit en rapport avec le bas de la jambe et l'ouverture du fond.

Ceci posé, il nous reste deux objections à prévoir : la première consiste à savoir pourquoi on compte la moitié de l'enfourchure entre la ligne d'aplomb et l'intérieur du genou ? C'est d'abord parce que la pose et les mouvements veulent qu'il en soit ainsi ; puis, parce que la demi-grosseur de cuisse, prise à la droite au lieu de la gauche, ne vaut par le fait que 30 centimètres contre 33. La grosseur du genou étant prise sans trop serrer ne vaut que 20 centimètres, c'est-à-dire que, terme moyen, le genou contient les deux tiers de la cuisse. Or, pour rétrécir également, on doit ôter 5 centimètres en dedans et 5 en dehors, ce qui ne produira qu'un demi-centimètre de différence avec la proportion que l'on a établie.

L'autre objection consiste à savoir si la ligne d'aplomb a une position fixe, si elle doit, par exemple, être toujours placée parallèlement au bord de l'étoffe, ou bien si elle peut incliner dans un sens ou dans un autre sans que cela dérange l'aplomb du devant? Pour cette objection, il faut remarquer qu'il y a une différence notable entre un patron tracé sur du papier et ce même patron placé sur l'étoffe. Pour le tracé sur papier, peu importe que la ligne d'aplomb soit parallèle ou inclinée, pourvu que les sections de droite et de gauche conservent leurs proportions relatives, et que les lignes horizontales les traversent toutes à angles droits. Pourvu, disons-nous, que cela ait lieu, le patron conservera toujours la même forme. Mais si, pour l'économie de l'étoffe, on plaçait ce patron dans une position oblique donnant deux fois plus de biais à l'entrejambe qu'au côté, l'étoffe n'aurait pas le même aplomb

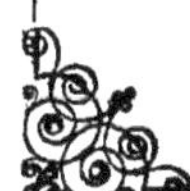

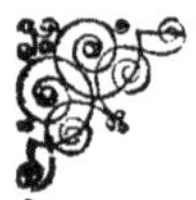
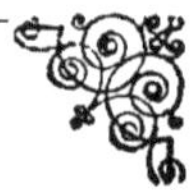

que le patron; aussi faut-il, autant que possible, mettre la ligne d'aplomb à droit fil, et s'arranger pour qu'il y ait autant de biais au côté qu'à l'entrejambe. La plupart des modèles sont faits d'après ces conditions, et ceux qui en diffèrent sont le résultat de certaines exceptions que l'on expliquera plus loin.

Apprêt et Confection.

Afin de comprendre ce détail d'apprêt, on doit se rappeler que, pour cambrer le bas des pantalons conformément à la forme des pieds, il y a une certaine manière de ployer les dos et devant, que l'on peut appeler *ployage d'arrière en avant*, parce que c'est en effet par le milieu du talon que l'on doit trouver le milieu du dessus du pied. Il y a encore un deuxième *ployage*, pris du côté à l'entrejambe, qui doit servir à démontrer ce que l'on entend par crochet ou renvoi, et aussi à expliquer pourquoi la ligne d'aplomb tombe toujours à 4 centimètres de distance de la marque intérieure du sous-pied.

La *figure* 10 est destinée à ces remarques. Son tracé est fait d'après le pantalon cambré, autrement dit celui dont les coutures d'entrejambe et de côté sont aussi avancées l'une que l'autre. Le devant est posé sur le dos comme pour un tracé d'ensemble ; le derrière, développé à plat, aura le coin du côté au point 0, et celui du dedans au point 34. Les coutures passeront par les lignes pointées. La marque de l'intérieur du sous-pied est au point 24 ; celle du dehors au point 10, etc.

Pour apprêter les coutures, on fait d'abord des marques à la hauteur 42, tant à l'intérieur qu'à l'extérieur du genou, afin que l'aplomb ne se dérange pas; ensuite on reploie le derrière des deux côtés, de façon que les bords se touchent dans la partie comprise entre les hauteurs 21—42. Cela étant fait, le pli du côté passe par la ligne 7—3 1/2 ; le pli du dedans passe par la ligne 24—25 1/2—26 1/2. Après cela, on remarque que les coins du dos couvrent le bas du devant, se recroisent même l'un sur l'autre, et que c'est ce recroisement qui forme la cambrure ; autrement dit, si au lieu de les laisser à plat on les élève et que l'on amène le devant à la même hauteur, celui-ci formera la courbe, parce qu'il sera plus repoussé par en bas qu'il ne l'est à 10 ou 15 centimètres au-dessus.

Si de là on passe à l'effet que produit le pli de l'entrejambe, on trouvera qu'il ne représente pas autre chose que la ligne du pantalon plat; que, chaque fois que le dos est ployé de cette manière, le dedans du sous-pied touche le pli et est tout en dessus; que la ligne d'aplomb tombe à 4 centimètres dans le talon, parce que c'est la proportion de l'intérieur du genou et la position du pont qui la mettent forcément à cette place.

Ainsi cela démontre que le devant ne se meut ou ne se brise que dans l'espace compris entre la hauteur déterminée par la ligne 21—25 1/2, qui est le quart de l'entrejambe à partir du bas, et qu'à partir de là, il conserve sa position relativement au point 4 dans le talon, qui redevient à 4 en dehors après l'assemblage ; son dérangement ne pour-

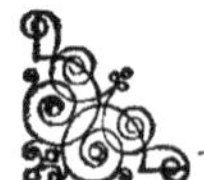

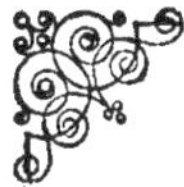
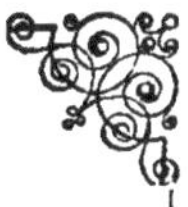

rait avoir lieu que si le dos contenait une largeur plus grande ou plus petite que celle qu'il faut pour remplacer ce que le devant a de moins que le pantalon plat.

Enfin le pli du côté, passant par 7—3 1/2, n'a pas de limite, et pourra varier suivant la largeur du genou, tandis que le dedans reste fixe. On reconnaîtra qu'en effet cette partie est variable, et que, pour un pantalon collant, par exemple, le pli du côté peut se rencontrer avec la marque du sous-pied sans que le dedans ait besoin d'être changé.

Modèles divers.

Maintenant que ces bases de l'aplomb et du tracé sont à peu près établies, passons à la description des autres modèles, et comme chacun d'eux présentera des applications diverses de ce qui a été dit, on expliquera la cause des exceptions qui s'y trouvent.

La *figure* 11 est un PANTALON A LA HUSSARDE.

Cette coupe est sujette à certaines conditions tenant à ce que le fond est très-ajusté. La couture des reins doit être tendue. La ceinture est serrée sans le secours de boucles. Les hanches doivent être bien prises. La cuisse doit avoir beaucoup de largeur sur les côtés. Quant au bas de la jambe, on peut faire les coutures toutes droites, ou les avancer en tenant le devant plus étroit, ce qui aurait, pour ce genre de coupe, l'inconvénient de rendre le genou plus étroit.

Dans le tracé, on trouvera d'abord qu'il y a une perte de 6 centimètres dans le côté, parce que cela avance le dedans et ôte le grand biais de l'entrejambe.

On trouvera ensuite que le côté de la cuisse est de 6 centimètres plus large que la mesure. Cet ajoutage est fait aux deux parties, et malgré cela le côté du dos est en ligne prolongée, ce qui donne trop de largeur à la ceinture, et ferait supposer que l'on peut abattre la hanche. Si l'on compte en effet que, pour trouver le côté, on fait, comme il a été dit précédemment, une ligne partant de l'extérieur du talon (14), passant sur le côté de la cuisse (qui est de 6 sur 84), on trouvera que le haut du côté rentre à 4 centimètres en dedans au lieu de ressortir de 3 en dehors. Si l'on compte de cette manière, disons-nous, le haut du côté sera bien en rapport avec la ceinture, mais la largeur ajoutée sur la cuisse produira une trop forte pince, qui, relevant le haut, occasionnera un pli dans le côté; c'est pourquoi, pour que ce pli se développe, il vaut mieux rétrécir la ceinture par une pince faite dans le haut et par un abattage fait à la couture des reins, qui, malgré cela, ne peut pas rentrer à plus de 4 centimètres en dedans du pont.

La hausse ne se compte qu'à 6 pour le pantalon de hussard, mais elle est trop basse pour les pantalons qui ont des boucles.

Le haut du pont rentre à un centimètre en dedans de la ligne d'aplomb, parce que du moment où le côté est fortement abattu, il devient long, et tombe s'il n'est pas retenu par l'abattage fait au-devant.

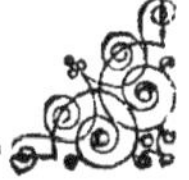

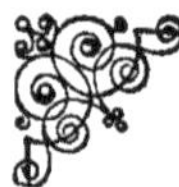
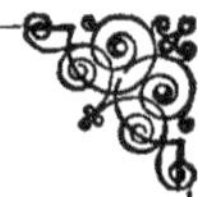

L'échancrure du fond est aussi creusée pour le dos que pour le devant gauche; aussi le point 6 sert pour les deux. La pointe du dos ne dépasse que de 1 centimètre. La pointe du devant droit est de 2 centimètres plus étroite que l'autre et peut être encore plus étroite; dans ce cas, la couture sera arrondie, afin que la couture d'entrejambe, qui est tirée droite par les points 30—37, ne perde pas sa largeur.

La *figure* 12 est un PANTALON A PLIS.

Dans ce genre de coupe, au lieu de compter l'élargissement par le côté de la cuisse, on le compte par la largeur du pont, en mettant 10, 12 ou 15 centimètres de plus que le quart de la ceinture, suivant le nombre de plis que l'on veut faire.

Le tracé du devant seul se fait en portant d'abord la longueur du côté entre 0—108. On fait une marque plus bas à environ 16 centimètres; après cela il faut porter le bas du côté à un éloignement de 0—14 pour que le biais du dedans soit à peu près égal; puis on marque la largeur du devant entre 14—24; ensuite la largeur du pont, en comptant que 33 ne vaut que 30, parce que le côté est abattu de 3 centimètres.

Quand ces dispositions sont prises on tire une ligne droite par les points 24—33, autrement dit, depuis le bas de l'entrejambe jusqu'au devant du pont; cette ligne devient alors la même que celle que l'on a expliquée pour la figure 9, mais elle penche de toute la différence qu'il y a entre 24 et 33; par conséquent, toutes les longueurs doivent se reporter sur cette ligne : le côté par 24—33, l'entrejambe par 24—84, la moitié par 0—42, et le quart par 0—21. Ensuite, comme la section de gauche est faite, il n'y a plus que celle de droite à diviser. Ainsi, pour le fond, on doit tenir les devants plus étroits, ou les dédoubler, parce que cela emporte moins de largeur et ôte un peu le biais de l'entrejambe. Pour le dedans du genou, il faut que ce qui manque au devant soit ajouté au dos, afin qu'à l'ensemble les points 3 et 8 produisent les 11 centimètres correspondant au tiers de la cuisse. Pour le reste de l'entrejambe les conditions sont les mêmes que pour la figure 10, c'est-à-dire que le dos étant reployé donne la même ligne que le pantalon plat.

Pour accorder les longueurs, on remarquera qu'elles gauchissent en quelque sorte par l'effet du plissage du devant; elles remontent vers la ceinture et raccourcissent par en bas; c'est pour cette raison que la hausse dépasse en haut du pont et que le devant dépasse par en bas. Pour calculer ce changement, il faut d'abord tirer une ligne droite par les points 0—6—4, et la poser de façon qu'elle soit bien carrée ou à angle droit sur la ligne d'aplomb; puis on tient le côté du devant de 2 centimètres plus long. Cette même ligne droite sert pour le dos, et si le côté du sous-pied n'était pas plus long que le dedans on descendrait la rondeur des lignes à même distance; mais, comme le dehors est presque toujours plus long que le dedans, on ajoute 2 centimètres au-dessous du point 6, et seulement 1 au-dessous du point **36**.

Pour terminer ce modèle on remarquera que la ceinture, *figure* 13, a 38 centimètres de longueur, que le point 20 est la place de la

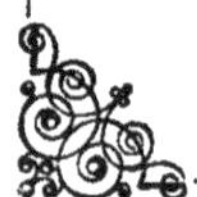
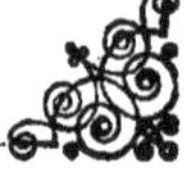

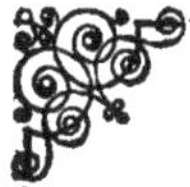

couture du côté, et que les points 26—30—34 sont les marques des plis.

La *figure* 14 est un PANTALON A PIEDS. La couture du côté est plate et droite depuis le bas jusqu'à la hauteur du fond. Le dos ressort en haut du côté afin de former un grand renvoi. La couture des reins passe à 4 centimètres en dedans et peut se tenir plus large, si l'on veut que le pantalon soit aisé. La couture d'entre-jambe et la ligne d'aplomb sont dans les mêmes positions que pour le pantalon plat. Cette ligne penche parce qu'il n'y a que 18 en bas et 23 sur le point d'enfourchure; mais cela néanmoins ne change pas la forme du devant. La fente pour la place du gousset est sur le milieu de la largeur du devant.

La *figure* 15 est le *gousset* ou avant-pied, qui se rapporte dans la fente du devant.

La *figure* 16 est la *semelle* qui tient après le gousset et le bas du pantalon. Le côté le plus creux est le dedans du pied. Le milieu du talon correspond au milieu de la largeur du derrière.

Pour couper ce pantalon, il est nécessaire de prendre les mesures du pied comme pour une guêtre, et la forme de la semelle s'obtient en faisant placer le pied sur une feuille de papier et en traçant tout autour.

La *figure* 17 est un PANTALON COLLANT et plat sur toute la jambe; on peut en faire un *caleçon* en le tenant plus large sur le côté, comme cela est indiqué par une marge ombrée.

L'évaluation de ce modèle présente les observations suivantes :

C'est d'abord le dedans du genou qui est plus rapproché de la ligne d'aplomb, parce que le jarret est marqué, tandis que dans les pantalons ordinaires la couture est droite. C'est ensuite le bas de l'entrejambe qui n'est qu'à 2 centimètres en dehors de la ligne d'aplomb, au lieu de 4, parce que la jambe est serrée et qu'il n'y a pas d'épaisseur à compter pour la botte. Après cela c'est une ligne droite tirée sur le milieu du devant, et qui semble pouvoir servir de ligne de construction, parce qu'elle partage les largeurs de cuisse, genou, jarret, mollet et bas de jambe en deux parties égales.

On peut en effet se servir de cette ligne pour les pantalons collants; mais, à bien prendre, elle n'a pas de propriété particulière, et puis elle est parallèle à la ligne d'aplomb, et n'a pas de point d'appui. Les remarques que cette ligne donne sont que, pour faire un pantalon très-collant, on est tenu de deux côtés quand on ne veut pas déranger l'aplomb: forcer le dedans du genou rendrait le haut de l'entrejambe trop large; rétrécir le côté ferait tordre le derrière de la jambe; or, le seul moyen qui reste, c'est de faire une pince en long sur le derrière de la jambe.

Pour le pantalon collant, n'oubliez pas qu'il est nécessaire de prendre les largeurs de genou, jarret, mollet et bas, très-justes.

Guêtres.

La *figure* 18 est un modèle de guêtres longues ou courtes, suivant les points de construction que l'on emploiera pour le tracé. Pour une guêtre longue et large, c'est tout le patron; pour un modèle ordinaire, on supprimera toute la partie ombrée.

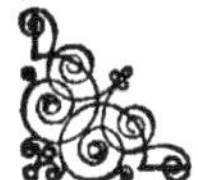
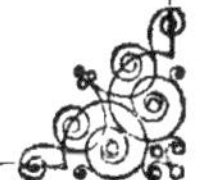

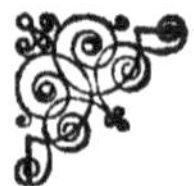
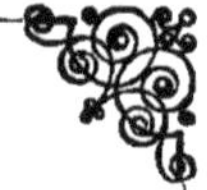

Les principales mesures d'une guêtre longue sont : la *longueur entière*, la *largeur du haut* et celle du *mollet*.

Pour une guêtre courte et ajustée, il faut d'abord la largeur entre 5—19, ensuite celle entre 6—20, puis la largeur oblique entre 5—20, ensuite la grosseur du pied entre 20—20, et enfin l'avançage entre 5—29.

Culottes.

La *figure* 19 est un modèle de culotte courte prenant le genou et descendant à la place des jarretières ; le côté est coupé à plat de façon à ce que la couture et l'ouverture tombent sur le côté du genou. Pour les avancer il faudrait faire un dédoublage, c'est-à-dire tenir le devant plus étroit et le derrière plus large. La couture d'entre-jambe tourne en arrière, vu que le devant est au point 26 et le dos au point 24 ; ces deux parties reviennent presque l'une sur l'autre, parce que dans le montage de la jarretière le devant doit être serré pour prendre la forme du genou ; le dos est au contraire tendu pour l'effet du jarret. Le haut du devant est à petit pont.

Emploi des Étoffes.

Les figures 20, 21 et 22 sont des coupons représentant le placement des pièces sur l'étoffe.

Le coupon *figure* 20 est plié en deux et démontre que le bas du devant s'entrecoupe dans le dos et peut descendre plus ou moins, selon la grandeur que l'on veut donner à la hausse. Il n'y a pas dans ce placement d'autre économie à chercher que celle de tenir le devant étroit afin que l'abattage soit plus grand.

Le placement indiqué par la *figure* 21 est une manière d'entrecouper les devants, de façon à économiser à peu près 40 centimètres quand l'étoffe n'a pas de poil ; et afin qu'elle ne fasse pas de nuance, on prend l'un des deux pantalons à poil et l'autre dans le sens opposé.

Les placements dessinés dans la *figure* 22 sont faits pour des satins de laine, contenant 75 centimètres de largeur, dans lesquels on trouve parfois trois devants l'un à côté de l'autre. On coupe d'abord les n°s 1—1, puis les n°s 2—2 ; et les n°s 3—3 se reprennent dans les entre-coupes, moyennant que le premier descend et qu'il repousse l'autre de façon que le bas de la jambe descend sur les dos n°s 4—4. Ce placement ne peut se faire que lorsque l'on coupe trois pantalons en même temps, et il est entendu que les derrières se prennent par en bas et les devants par en haut ; il est entendu aussi que les devants doivent être étroits et les derrières larges avec des pointes dans le fond. Ces placements sont du reste pour l'économie la plus rigoureuse, et ne peuvent se pratiquer que par les tailleurs qui habillent beaucoup de jeunes gens ; hors cela, les placements de la planche précédente sont préférables.

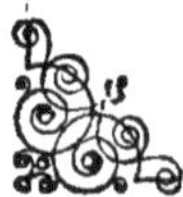

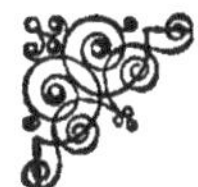
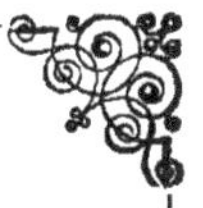

DOUZIÈME CHAPITRE.

COUPE DES PANTALONS. — VARIATION DES STRUCTURES. — MODÈLES POUR DIVERSES STRUCTURES. — ÉTUDE DES RETOUCHES. — EXEMPLES DE RETOUCHES. — OBSERVATIONS.

COUPE DES PANTALONS.

Variation des structures.

Pour se rendre compte des variations de la coupe des pantalons par rapport à la structure des hommes, il est essentiel de se rappeler les définitions qui ont été faites dans le premier chapitre, où il est dit que les principales conformations sont : les hommes droit, voûté, renversé, élancé, trapu et gros. Cette diversité motive naturellement des modifications à la forme des pantalons, d'autant plus que les rapports ne sont pas toujours relatifs; tel homme, par exemple, dont le corps est élancé peut avoir les jambes courtes; un autre peut avoir le buste court et les jambes longues; telle personne aura la ceinture forte et la cuisse mince; telle autre aura les deux mesures fortes, etc.

Par conséquent, les seules variations dont nous ayons à nous occuper ne se rapportent qu'à la partie du corps qui se trouve placée au-dessous de la taille, et doivent être définies par le mesurage; et quoique les mesures aient, comme nous l'avons dit, cette lacune de ne pas donner un aplomb exact, elles serviront cependant à évaluer la structure, en comptant que pour l'homme proportionné le côté est de 24 centimètres plus long que l'entrejambe, autrement dit que le pont aura 24 centimètres de montant. Ainsi, du moment où il en a, supposons, 28, cela prouve que les hanches sont hautes, et l'aplomb sera plus facile à obtenir, parce que les mouvements sont plus éloignés et les formes plus droites. Si, au contraire, le pont n'a que 20 ou 22 de hauteur, le pantalon peut manquer d'aplomb, parce que les mouvements étant plus rapprochés et les formes plus saillantes, exigent que le dos ait un fort renvoi, afin de contourner aisément sur le bas du torse.

Les grosseurs peuvent aussi se comparer entre elles, et donneront des renseignements très-précis; ainsi, la différence qui existe entre la grosseur de cuisse et celle de la ceinture indiquera si un homme est gros ou mince à la taille.

Il y a pour cette remarque deux questions à considérer : la première est que quand la cuisse et la ceinture sont fortes, cela prouve seulement

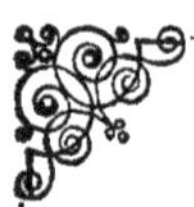
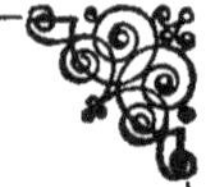

que le pantalon est d'une grande largeur ; mais quand au contraire la ceinture est très-forte sans que l'autre mesure augmente, cela démontre que la largeur du pont excédera les deux tiers de la cuisse.

Par exemple, 50 de ceinture et 33 de cuisse donnent une difficulté, car en prenant le tiers (11) pour l'ouverture du fond, il ne reste plus que 22 pour largeur du pont ; or, comme la moitié de la ceinture est de 25, il est clair qu'il manque 3 centimètres ; puis, comme on ne peut ressortir le devant du pont que de 1 centimètre en dehors de la ligne, ce sont 2 c. qu'il faudra reporter sur le côté de la hanche.

Les ceintures fortes donnent encore cette remarque, que la ligne d'aplomb se détourne en quelque sorte comme une règle que l'on ploie, et que si la couture se plaçait exactement sur le côté de la cuisse, l'espace compris entre le milieu du devant et la place de la couture serait plus grand que celui qui reste entre cette couture et le milieu du dos ; ce qui prouve que pour beaucoup d'hommes gros le pont contient plus de la moitié de la ceinture.

Il y a d'autres remarques à faire, tant sur l'évaluation des mesures que sur les modifications de la coupe ; mais elles trouveront leur place dans l'examen détaillé des modèles.

Modèles pour diverses structures.

La *figure* 1re est un *pantalon pour un homme* GRAND ET MINCE, *ayant les genoux en dedans.* L'aplomb de ce pantalon consiste à tenir la jambe large dans l'intérieur, à laisser les côtés droits, parce que cela masque la courbure de la jambe ; à tenir l'enfourchure un peu fermée, parce que les hommes de cette conformation sont souvent plats sur le devant et ont les cuisses saillantes sur les côtés ; c'est pour cela que le dos contient 3 centimètres de plus que la largeur du fond.

Pour l'aplomb de l'entrejambe, on remarquera que la ligne du devant est tirée droite par les points 23—33, c'est-à-dire sur le côté le plus large ; or, le plus étroit étant arrondi, empêche que la jambe se torde par la résistance du genou.

Ce pantalon est sans ceinture. Le renvoi du haut du côté est motivé sur ce qu'il faut une pince dans le haut du dos pour donner de l'évasement sur les bords.

La forme du bas de la jambe est divisée de la manière suivante :

L'avançage du côté est de 12 centimètres, le tour du talon est de 15, et l'avançage intérieur est de 8. Si le sous-pied a 8 de largeur il occupera toute la place comprise entre les points 25—33, et viendra par conséquent jusqu'à la couture ; si sa longueur est la même sur le côté, ce qui doit être, il restera un espace de 4 centimètres entre le cuir et la couture, ce qui fait que la partie comprise entre 0—4 n'est pas tenue et peut produire un plissage oblique montant jusqu'au point où la couture du dos devient droite ; cela a presque toujours lieu, surtout quand les devants sont tendus.

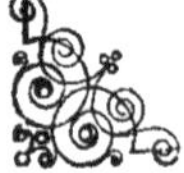

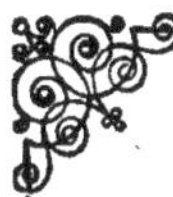
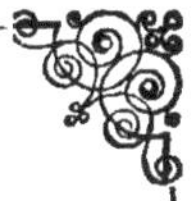

La *figure* 2 est un *pantalon* d'une longueur moyenne, disposé pour une grosseur de ceinture de 38 et cuisse 32. Ce modèle est *pour un homme qui a les* GENOUX EN DEHORS. L'entrejambe conserve le même aplomb que pour une structure ordinaire, afin de dissimuler le creux intérieur du genou. Le côté doit être arrondi conformément à la courbe de la jambe; après cela il faut du renvoi sur le haut du côté, parce que le mouvement du genou tire à l'extérieur, c'est-à-dire vers le côté de la hanche. Le bas du pantalon doit être plus long sur le côté qu'en dedans, en suivant la ligne 0—32, qui, au lieu d'être perpendiculaire à la ligne d'aplomb 21—22, incline en dehors.

La *figure* 3 est un pantalon très-court répondant à un homme *petit* et TRAPU. Les mêmes longueurs (100 et 76) sont souvent celle d'un jeune homme mince à la ceinture, ayant 29 à 30 de grosseur de cuisse.

Ce pantalon est dédoublé parallèlement sur le côté, c'est-à-dire que les espaces 4—10 en bas et 76—6 sur le côté de la cuisse représentent une séparation égale entre les deux coutures. Or, pour un dédoublage de ce genre, il faudrait que le derrière fût de 8 centimètres plus large que le devant à la hauteur de l'enfourchure si la différence entre le devant et le crochet était de 8. L'entrejambe du devant a un crochet de 4 centimètres entre 21—25, parce que la couture du dos est peu avancée, et que le devant est plus fortement tendu en dedans qu'en dehors.

Les figures 4, 5 et 6 sont graduées sur une augmentation réciproque des ceintures et des grosseurs de cuisse.

La *figure* 4 est un *pantalon plat et large pour un homme* GROS ET COURT. Les observations que ce modèle présente ont du rapport avec ce que nous avons dit relativement à la difficulté qu'il y a de mettre la largeur du pont à moitié de la ceinture, tout en partageant la largeur du fond en trois parties égales. On voit d'abord que, si le côté reste tout droit par les points 0—39—78—104, le pont contiendra la moitié de la ceinture (24 pour 48), mais qu'il n'y aura presque pas d'abattage en haut du côté; or, c'est le prolongement de la ligne 3—78 qui donne un peu de largeur et fait arrondir les côtés.

Maintenant, si, après avoir creusé le côté du genou de 3 centimètres, on ne retranche rien par en bas, cela produira une largeur flottante sur le côté de la jambe, et pour l'éviter il est nécessaire de retirer 2 centimètres en bas du côté et de les reporter en dedans; puis il en résulte que la ligne d'aplomb se trouve à 6 en dedans de la couture de la jambe, aussi bien pour l'intérieur du genou que pour le bas. Ces 6 centimètres représentent la moitié de l'enfourchure, et prouvent qu'il y a des cas où la couture d'entrejambe devient parallèle à la ligne d'aplomb.

Il y a une autre raison qui explique cela : c'est que pour une ceinture forte le pont se trouve renvoyé en avant, et fait que l'entrejambe peut s'écarter un peu par en bas; et puis comptez que dans la figure 5 il y a 10 centimètres entre les points 23—33, plus 2 pour le crochet en dehors du point 23, ce qui fait 12, qui, au lieu d'être appliqués par moitié à chaque pièce, sont répartis par 10 au dos et 2 au devant.

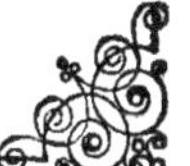

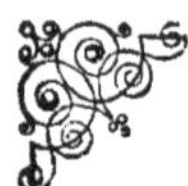
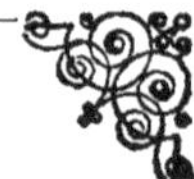

La *figure* 5 est pour un homme déjà très-gros, car 56 de ceinture et 39 de fond sont de fortes mesures. Les deux tiers de la cuisse (26) ne donnent pas au pont une largeur égale à la moitié de la ceinture, et c'est pour cela que le côté du devant ressort en dehors de la ligne entre les points 81—110; cet élargissement n'est obtenu que parce que le bas du côté rentré à 10 passe par les points 5—81 et se trouve en dehors dans la partie supérieure.

On voit d'ailleurs que ces tracés sont faits dans l'intention que la largeur de la cuisse touche sur la ligne du côté, sans égard à ce que les dos et même quelquefois les devants ressortent par en haut. Ceci n'est pas une difficulté, puisque dans le tracé sur étoffe on a démontré comment on devait placer les dos pour qu'ils ne produisent pas de pertes.

La *figure* 6 est un *pantalon pour un homme* TRES-GRAND ET GROS. En suivant le contour de ce modèle on fera les remarques suivantes :

Les coutures du côté sont séparées par un intervalle de 8 centimètres en bas et ne se réunissent qu'à hauteur d'enfourchure ; c'est pourquoi dans beaucoup de modèles de ce genre le point 4 peut se supprimer et les deux coutures se rencontrent au point 6 ; de cette façon le côté de la jambe serait plus creux.

Le côté du dos ressort de 7 centimètres par en haut à cause du grand renvoi qu'il faut donner pour des structures de ce genre.

La hausse monte à 16 centimètres au-dessus de la ligne 116—30; elle est grande parce qu'il faut beaucoup de longueur sur les reins.

Le devant du pont contient 30 centimètres de largeur pour une ceinture de 60, et de plus il est élargi de 2 centimètres par le haut du côté.

La couture du milieu du dos penche parce que si on la faisait plus droite elle serait trop en arrière; mais la pointe du dos est grande, puisqu'elle contient 4 centimètres de plus que le côté gauche.

L'évidure du devant droit touche la ligne d'aplomb, parce que pour les hommes gros cette partie est toujours trop large.

Les points 31—33, comparativement au 26, donnent un peu moins que le tiers de l'enfourchure, parce qu'autrement ce modèle serait trop large du genou.

La couture d'entrejambe du devant est reportée en dehors de la ligne d'aplomb ; et si l'on compte les ajoutages faits à partir du point 24, on trouvera d'abord 12 centimètres entre 24—36, ensuite 2 entre 24—26 ; cela fait un total de 14, qui, partagé en deux, produit exactement la moitié de l'ouverture du fond.

On remarquera que la longueur des devants, depuis le haut du pont jusqu'en bas, varie en raison des grosseurs de ceinture et de la longueur des côtés : pour la figure 4 le pont est de 2 centimètres plus haut; pour la figure 5 il est de 4 et pour la figure 6 de 6 centimètres plus élevé que le côté. Pour les ceintures minces il est quelquefois plus bas d'un ou deux centimètres. On se rappelle, du reste, que cette hauteur est déterminée par une mesure.

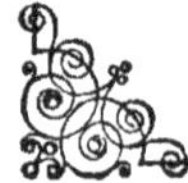

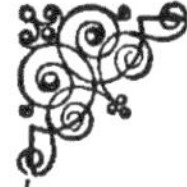

ETUDE DES RETOUCHES.

L'étude des retouches est presque une science, si l'on considère les connaissances qu'il faut acquérir pour juger à la première vue la cause de certains défauts dans l'aplomb, l'effet de certains plis, la manière d'y remédier, celle surtout de ne pas endommager une partie pour réparer l'autre, ce grand secret enfin de connaître la cause première des défauts et de les rectifier sur le point qui les occasionne. Dans les pantalons il y a souvent cette alternative, qu'un défaut semble provenir de diverses causes. Le tout est de savoir quelle est la véritable.

L'étude des retouches peut aussi s'envisager de deux manières différentes : l'une consiste à rechercher la source des plis qui existent dans un pantalon lorsqu'il est porté; l'autre tient à calculer quels seront les défauts que peut occasionner telle ou telle manière de couper.

C'est par ce dernier travail que nous allons commencer, en prenant pour exemple les figures 7, 8, 9 et 10, qui n'ont pas de points de construction, et d'après lesquelles on jugera néanmoins que les différences qui existent entre ces dessins comparativement à ceux qui sont chiffrés pour servir de guide, produisent des erreurs notables.

Pour la *figure* 7, il est dit que *l'entrejambe est trop creux*, ce qui signifie que du moment où le dedans du genou est tenu plus étroit que la proportion établie, ce point porte trop sur l'intérieur de la jambe et produit un dérangement total.

Le pont trop avancé signifie que si l'on tient le haut des devants plus larges, l'enfourchure se referme et a besoin d'être ouverte, soit en élargissant le fond, soit en donnant plus de pointe au dos.

Cet exemple est applicable aux hommes gros, et prouve que ce n'est pas par le devant, mais bien par le côté du pont, qu'il faut porter l'élargissement.

A considérer le pont avancé et l'entrejambe creux, cela ne semble pas un défaut, puisque la ligne d'aplomb est en quelque sorte retournée, mais c'en est un par rapport au bas de la jambe, dont la largeur se retrouve portée trop en dedans.

Sur la *figure* 8 il est écrit : *Devant trop en dedans;* ceci veut dire que si dans dans l'assemblage on ne se place pas dans la position déterminée par le tracé, non-seulement les coutures ne seront pas à l'endroit où l'on aura cru les mettre, mais le tour du talon changera de place. Ce devant trop en dedans ne peut aller qu'à un homme qui a aussi les pieds en dedans.

Sur la *figure* 9 il est écrit : *Ligne trop en dehors.* Ceci est pour démontrer que du moment où la couture intérieure du devant est en dehors de la ligne d'aplomb, il faut que le dos supplée à ce qui manque; sans cela les marques du sous-pied ne resteront plus à la même place. Considérez aussi que cette déviation du devant rend l'enfourchure en proportion plus large et par conséquent sujette à former des plis.

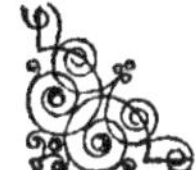

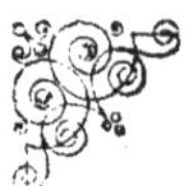
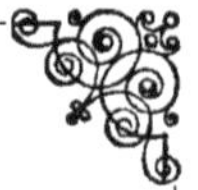

Le *dos trop large* explique qu'on ne doit laisser une aussi grande quantité d'étoffe sur les reins que quand cela est demandé par quelqu'un qui tient à ce qu'il y ait beaucoup d'ampleur par derrière ; et, en effet, ajoutez autant de pointe que vous voudrez dans le fond, du moment où la couture des reins sera ronde elle plissera toujours, parce qu'elle se trouvera à l'opposé de ce qu'elle doit être.

Sur la *figure* 10 il est écrit : *Hanche trop abattue.* Ceci se rapporte à l'observation sur les hommes qui sont tout droits, et qui semblent, par leur conformation, exiger que le dos soit large par le milieu et rétréci par le côté afin que l'étoffe ne retombe pas; cela devrait en effet avoir lieu s'il ne fallait pas calculer la coupe autant pour les mouvements que pour la structure.

Exemples de retouches.

Les *figures* 11, 12 et 13 sont trois figurines indiquant les effets les plus disgracieux que nous connaissions dans la coupe des pantalons. De tels exemples font voir, il est vrai, les choses par leur mauvais côté ; mais aussi quel est celui qui, après avoir mis tous ses soins à la coupe et à l'exécution d'un vêtement, n'éprouve pas quelques déceptions en voyant que son travail produit un tout autre effet que celui qu'il en attendait ? Or, il vaut beaucoup mieux étudier les défauts d'avance afin de les éviter que d'envisager les choses seulement par leur beau côté, car ce serait se mettre au dépourvu quand un accident survient.

Le pantalon de la *figure* 11 indique d'énormes plis!

Ceux de la jambe droite partent du dedans du pied et tournent vers le côté; ces plis démontrent que le devant manque d'étoffe en bas, soit qu'il n'ait pas assez de crochet, soit qu'il ait été mal placé dans l'assemblage. Chaque fois qu'il n'y a que le devant qui tord, il faut chercher le moyen de le redresser sans changer la position du dos relativement au talon et à la place des sous-pieds. Ce moyen consiste à démonter le devant jusqu'au dessus du genou et à le changer de position en mettant de l'embu du côté où se forment les plis.

La jambe gauche contient des plis partant du côté et revenant en dedans. Cet effet provient d'un devant qui a été remonté par le dedans et descendu sur le côté. Les plis partant de deux points opposés viennent aussi de la position des pieds, qui sont tournés en dehors ou en dedans.

La fourche du même modèle a un pli sur le côté droit venant de ce que l'on a fait un trop grand rétrécissage dans l'intérieur du genou.

Les plis ramassés sur le devant de l'enfourchure viennent de ce que le côté gauche est trop évidé.

Sur le pantalon de la *figure* 12 il y a une quantité de plis réunis dans le fond, occasionnés par les pointes qui sont trop courtes et la couture du dos qui n'est pas assez creusée. Pour les hommes gros, cet effet serait accompagné de plusieurs plis sur le bas des reins.

Le pantalon de la *figure* 13 est vu de côté et présente des effets que l'on

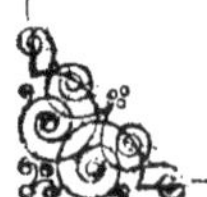

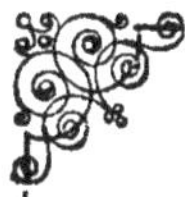
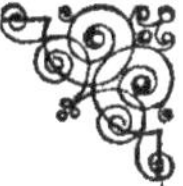

remarque peu quoiqu'ils soient très-fréquents; nous voulons parler de ces hommes qui tendent tellement leurs jambes qu'elles en deviennent rondes par derrière, et font reculer le pantalon sur deux points opposés, c'est-à-dire en bas et derrière la jambe. Il n'y a pas d'autres moyens pour corriger ce défaut que de faire emboire le dos à la hauteur du mollet et de faire emboire le devant depuis le genou jusqu'à hauteur d'enfourchure, puis aussi de serrer le tour du talon, et faire tendre le devant sur le coude-pied.

Observations.

Les figures 14, 15, 16 et 17 sont pour rappeler une partie des observations qui ont été faites dans les chapitres précédents.

Pour la *figure* 14, vous avez à remarquer qu'un devant peut se tracer dans une position inclinée lorsqu'il ne s'agit que de faire un patron en papier, car les figures 14 et 15 ont la même forme; mais, pour l'étoffe, le sens de la première serait faux, parce que l'entrejambe a 19 centimètres de biais, et que le côté est à droit fil. Or, pour ne faire aucune perte sur l'étoffe, il faudrait redresser l'entrejambe par un rétrécissage fait sur la largeur du fond, et si l'on rétrécit, supposons, de 6 centimètres, il y aura encore 13 centimètres de biais en dedans, et l'aplomb du devant sera faux. Nous le répétons : chaque fois que les coutures n'ont pas le même sens, il y a toujours un côté qui se tend plus que l'autre; ajoutez à cela que dans l'assemblage on a toujours le défaut de tendre le dedans du devant plus que le dehors, ce qui est cause que les plis partant de l'intérieur du pied sont bien plus fréquents que ceux qui partent du côté.

La *figure* 15 est tracée dans son véritable aplomb, parce que la ligne du côté est parallèle à celle qui sert à diviser l'enfourchure. Il est vrai que cela produit une perte de 10 centimètres en bas du côté, mais on peut la diminuer en rétrécissant le devant de 3 centimètres sur le côté, et plaçant toujours la ligne d'aplomb parallèle au bord de l'étoffe; et puis cet abattage sert habituellement pour faire les ceintures.

La *figure* 16 représente un devant placé tel qu'il doit l'être pour un homme qui a les PIEDS constamment EN DEDANS; ce changement consiste à mettre (pour un pantalon cambré) la couture d'entrejambe contre la marque du sous-pied et à laisser la ligne d'aplomb à 4 centimètres dans le talon.

Le devant de la *figure* 17 est placé pour un homme qui a les PIEDS constamment EN DEHORS; c'est un changement opposé au précédent modèle, c'est-à-dire que la couture du devant s'éloigne à 8 centimètres de distance du talon; la ligne d'aplomb est à sa place ordinaire, et la conclusion de ceci est que ce qui est considéré comme défaut dans les figures 8 et 9 devient ici une raison plausible, en ce que ces déviations sont motivées par la position des pieds. Cependant il faut bien remarquer qu'il y a des risques à courir en suivant à la lettre des déviations qui après tout ne peuvent pas bien se préciser, car la marche et les mou-

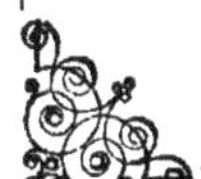
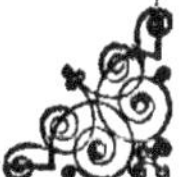

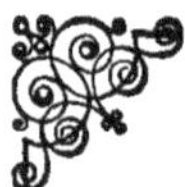
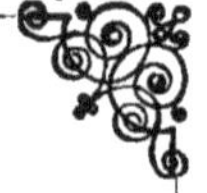

vements sont les mêmes pour tous; et puis encore on peut se tromper dans une évaluation qui n'est faite qu'à la vue. Ainsi il vaut tout autant couper le pantalon dans son aplomb ordinaire, et laisser pour ainsi dire des retouches à faire, en calculant par quels moyens on les réparera, ce qui s'opère de la manière suivante :

Quand, par exemple, les pieds sont *en dehors*, et que les plis partent du bas des côtés, on les efface en décousant la couture jusqu'au dessus du genou, et en faisant emboire le devant dans un intervalle de 10 centimètres en face du genou.

Quand, au contraire, les pieds sont *en dedans*, on démonte la couture d'entrejambe, et l'on fait emboire le devant dans l'intérieur du genou.

Ainsi, par cet embu, qui du reste paraît très-peu, on détourne le devant pour le rapprocher ou l'éloigner de l'intérieur du talon, et il est entendu que cela occasionne quelques différences dans la longueur des coutures, qui ensuite se raccordent facilement à la longueur voulue.

RÉSUMÉ.

En résumant le contenu de cet ouvrage, on voit que ses éléments sont composés d'une infinité de détails qui tous se lient ensemble. Ce sont des matériaux amassés pièce à pièce où chaque modèle a fourni ses observations; d'où l'on peut conclure que le fond de cette méthode repose entièrement sur le mesurage. Nous avons prouvé également que l'on ne doit se reposer sur les modèles qu'autant que l'on est assuré qu'ils sont bons; nous ne voulons pourtant pas dire que l'on doive les regarder comme inutiles, car nous ne voudrions pas non plus que l'on abandonnât ce que l'on sait déjà pour adopter un principe que l'on ne connaît qu'imparfaitement, et nous admettons bien que l'on fasse des changements, mais seulement ceux qui sont raisonnés et démontrés par des mesures ou des retouches réitérées. Notre opinion est aussi que l'on ne doit pas trop compter sur les essais, car c'est bien le moins qu'avec des mesures qui servent à faire les patrons, qui démontrent la manière d'assembler une pièce, et doivent servir à la vérifier quand elle est terminée, c'est bien le moins, disons-nous, que l'on en vienne à réformer une manière de travailler aussi coûteuse et pas plus assurée que ne l'est celle qui se pratique généralement.

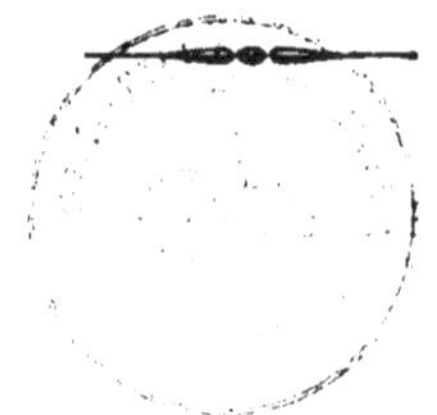

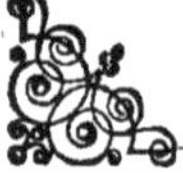

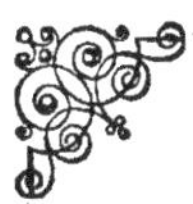

TABLE DES MATIÈRES.

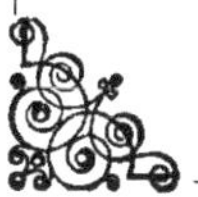

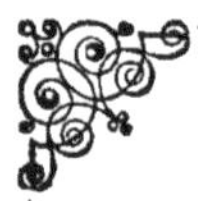
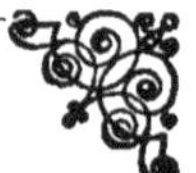

JOURNAL DES TAILLEURS,

COMPAING, RÉDACTEUR EN CHEF.

Le *Journal des Tailleurs* paraît les 1er et 16 de chaque mois, depuis 1830.

Chaque livraison se compose de 8 pages de texte, une gravure de costumes et une planche de modèles tracés au dixième, et chiffrés de façon à en indiquer exactement la forme. Le Numéro du 1er de chaque mois contient en plus une feuille de patrons en grandeur naturelle.

Les lettres et envois d'argent doivent être affranchis. Les abonnements se payent d'avance, par des mandats sur la poste ou sur Paris.

On s'abonne au **JOURNAL DES TAILLEURS** :

PARIS..............	Aux Bureaux du Journal, boulevart des Italiens, 1. Aux Bureaux de rédaction, 9, rue Villedo.
DÉPARTEMENTS...	Chez tous les Libraires et Directeurs de poste.
ÉTRANGER........	Aux Offices des Postes.
LONDRES..........	By Delaporte, 116, Regent street.
NEW-YORK.......	By Thomas N. Dale, sole agent for the United States, 2, Cedar street.

Les Messageries royales *et les* Messageries Laffitte et Caillard *se chargent aussi de faire les abonnements sans augmentation de prix.*

Conditions de la Souscription.

POUR PARIS ET TOUTE LA FRANCE :

Trois mois : 6 fr. | Six mois : 11 fr. | Un an : 20 fr.

POUR LES PAYS ÉTRANGERS :

Trois mois : 7 fr. | Six mois : 13 fr. | Un an : 24 fr.

ÉDITION ANGLAISE.

CHARLES COMPAING, *Rédacteur.* — Abonnements et rédaction : *rue Villedo*, 9.

Trois mois : 7 fr. | Six mois : 13 fr. | Un an : 24 fr.

POUR LES COLONIES ET LES POSSESSIONS ANGLAISES :

Trois mois : 8 fr. | Six mois : 15 fr. | Un an : 28 fr.

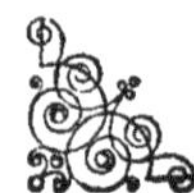
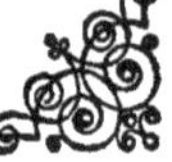

www.ingramcontent.com/pod-product-compliance
Ingram Content Group UK Ltd.
Pitfield, Milton Keynes, MK11 3LW, UK
UKHW021108260726
13994UKWH00002B/782